36B

Endlich könnten Männer die Frauen verstehen
Der Geheimcode der Frauen

Lara Sturm

Endlich könnten Männer die Frauen verstehen

Der Geheimcode der Frauen

Lara Sturm

WAGNER VERLAG®
www.wagner-verlag.de

Ein Buch aus dem WAGNER VERLAG

Lektorat: Petra Schmidt, Bad Hersfeld
Umschlaggestaltung: www.boehm-design.de

1. Auflage

ISBN: 978-3-86683-313-5

Bibliografische Information der Deutschen Bibliothek
Die Deutsche Bibliothek verzeichnet diese Publikation in der Deutschen National-
bibliografie; detaillierte bibliografische Daten sind im Internet über
http://dnb.ddb.de abrufbar.

Die Rechte für die deutsche Ausgabe liegen beim
Wagner Verlag GmbH,
Zum Wartturm 1, 63571 Gelnhausen.
© 2008, by Wagner Verlag GmbH, Gelnhausen
Schreiben Sie? Wir suchen Autoren, die gelesen werden wollen.

Druck: DIP-Digital-Print, Stockumer Str. 28, 58453 Witten

Inhalt

7. Kapitel: Frauen in einer Partnerschaft

8. Kapitel: Botschaft an die Frauen

9. Kapitel: Botschaft an die Männer

10. Kapitel: Allgemein über Frauen und Männer

Vorwort

Frauen sind schon erstaunlich. Sie vereinen in ihrem Verhalten Charaktereigenschaften wie Fürsorglichkeit, Empfindsamkeit, Offenheit, Anhänglichkeit, Gewissenhaftigkeit und positive Ausstrahlung, genauso wie Kälte, Arroganz, Angriffslust, Eigensinn und Launenhaftigkeit. Mal sind sie drastisch, anmaßend bis schwierig und dann wieder verblüffend einfach wie auch großzügig und liebenswert. Genau diese Wechselstimmungen machen es zu keiner leichten Aufgabe, die Charaktereigenschaften von Frauen auf einen Nenner zu bringen. Aber eines lässt sich klar und deutlich erkennen. Das Leben der Frauen wird von Raffinesse bestimmt. So einige von ihnen beherrschen sie meisterlich. Selbstverständlich gibt es auch hierbei grundsätzlich Ausnahmen zur Regel. Jedoch im Allgemeinen sind Frauen sehr stolz darauf, in verschiedenen Lebenssituationen auf ihre Raffinesse vertrauen zu können. Nur deswegen sind sie keineswegs schlecht, sondern lediglich bestens dafür ausgerüstet, ihr Leben zu organisieren. Im Grunde könnte der Satz „Das Leben der Frauen wird von Raffinesse bestimmt" eine kurze und einfache Beschreibung aller Frauen sein! WENN da nicht die Tatsache wäre, dass Frauen aufgrund ihrer kaum vergleichbaren Charaktere mit unterschiedlichen Zielen ihre weibliche Raffinesse einsetzen. Abgesehen davon nutzen sie auch grundlegend verschiedene Möglichkeiten dazu. Einige verwenden sie zum Besten ihrer Beziehung und ihrer Familie. Deren Ziel ist es, mit dieser Fähigkeit ihrem Mann hilfreich zur Seite zu stehen. Während manche Frauen sie dazu nutzen, um sich damit gegen diejenigen zu wehren, die ihr Leben ein wenig aus den Fugen bringen wollen. Andere wiederum verwenden ihre weibliche Kunst, die Regeln festzulegen, dazu, um ihre persönlichen Ziele im Leben zu erreichen. Welche Ziele dies auch sein mögen. Allerdings soll dies keinesfalls eine Beleidigung für Frauen sein, sondern genau diese typische weibliche Kunst der Manipulation kann tatsächlich überaus hilfreich für ihre Beziehungen werden. Denn sehr oft weiß der männliche Teil nicht so recht, was er zu einer guten Beziehung beitragen kann. Also greift ihm seine Frau mit ihrer weiblichen Raffinesse ein wenig unter die Arme. Frauen erfüllen im Leben einen andern Sinn als Männer. Somit denken, handeln und reagieren sie auch völlig anders auf unterschiedliche Lebenssituationen. Aus diesem Grund hat es für Männer den Anschein, dass Frauen viel zu kompliziert sind und daher nur selten zu verstehen. Dabei kommt es nicht einmal darauf an, dass Männer Frauen tatsächlich verstehen. Sondern vielmehr darauf, einige ihrer Regeln zu kennen, um dann zu wissen, was sie denken oder wie sie handeln werden. Wenn Männer tatsächlich auch noch verstehen könnten, „warum" Frauen so reagieren, wäre dies ein zusätzlicher Bonus für ihre Beziehung. Bei all der Fähigkeit, sich umzustellen, haben Frauen nun mal ihre Prinzipien und auch ihre festen Regeln. Daran führt kein Weg vorbei. Sie stehen zu dem, was sie wollen, und dazu, wie sie sind. Das ist auch gut so. Denn im Grunde wollen Männer die Frauen doch ganz genauso wie sie sind und kein bisschen anders. Dieses Buch ist weder eine Lobeshymne noch eine Lästerei über Frauen. Es sind lediglich Fakten und nochmals Fakten darüber, wie Frauen nun mal sind. Denn Frauen handeln unübertroffen kritisch, was die Planungen für ihre Zukunft betreffen. Folglich führen ihre Aktionen wie auch ihre Reaktionen, ihr Denken wie auch ihr Handeln unausweichlich zu erstaunlichen Verwirrungen bis hin zu unglaublichen Verwicklungen. Warum auch nicht? So lange das Leben der Männer dadurch um ein Vielfaches aufregender wird!

Ganz nebenbei sei noch erwähnt: In diesem Buch werden selbstverständlich auch die Männer an ihrer Nase gepackt. Denn durch ihre spezielle männliche Diplomatie leisten sie des Öfteren freiwillig oder auch unfreiwillig ihren Beitrag zu diesen besagten Verwirrungen, die ihre Frauen mit ihren so undurchschaubaren, nur schwer verständlichen Reaktionen bei ihnen auslösen!

1. Kapitel:
Frauen ganz allgemein

Die Kategorien der Frauen

Durch die Vielfalt ihrer Charaktere lassen sich Frauen in mindestens 22 verschiedene Verhaltens-Kategorien einfügen. Eventuell würden dem einen oder anderen noch mehr Kategorien einfallen. Aber diese 22 werden von den Frauen am meisten vertreten. Jedoch trotz ihrer grundverschiedenen Wesenszüge gibt es zu Recht den Klischee-Ausspruch „typisch Frau". Denn manche Reaktionen sind nun mal typisch für Frauen, völlig unwichtig, welcher Kategorie sie angehören.

Ein Dummerchen

nennt man besonders gutgläubige, hilfsbedürftige Frauen. Fern ab von Raffinesse und Manipulation gegenüber den Männern. Sie spielen keine Spielchen, glauben ihrem Mann, was er erzählt, ohne groß darüber nachzudenken, ob er sie eventuell belogen haben könnte. Sie nehmen auch mal Ungerechtigkeiten hin und nutzen kaum die Gelegenheit, sich gegen ihren Mann zu erheben. Ganz wie es sich für ein Dummerchen gehört.

Die Mütterliche

gibt sich häuslich, fürsorglich, liebevoll, aufmerksam und zuverlässig innerhalb ihrer Beziehung. Sie umsorgt ihren Mann oder ihre Familie mit viel Wärme und kann zudem oft auch noch sparsam leben. Abgesehen davon ist auch die Genügsamkeit für sie kein Fremdwort. Wenn es ihr wichtig erscheint, verzichtet sie zugunsten ihres Mannes oder ihrer Kinder auf die Erfüllung eines Wunsches, den sie hat.

Das Vollweib
zeigt gerne, was sie zu bieten hat, z. B. ihre Oberweite, ihren Po usw. Denn sie ist überaus stolz darauf, sich zeigen zu können. Für sie sind die Aufmerksamkeit und die Anerkennung von Männern äußerst wichtig. Aus dem Grund flirtet sie, bis sich die Balken biegen. Nachdem sich das Vollweib unglaublich selbstbewusst gibt, kann sie so manches Mal durchaus auch eigenwillig oder angriffslustig werden.

Die Traumfrau
hätten alle Männer gerne. Aber wie der Name schon sagt, sie ist eben nur ein Traum. Im Allgemeinen ist kaum eine Frau in der Lage, ALLES vorzuweisen, was ein Mann sich wünscht. Dennoch haben einige Männer auch ohne die Perfektion ihrer Frau das Gefühl, ihre Traumfrau gefunden zu haben. Außerdem gibt es vielleicht einen kleinen Trost für alle Männer, die immer noch nach ihrer Traumfrau suchen, sie aber vermutlich niemals finden. Auch Frauen können nur von ihrem Traummann träumen.

Die Intelligenzbestie
ist der absolute Alptraum jeden Mannes. Ihre Zielstrebigkeit und ihre Gewissenhaftigkeit werden so manch einem Mann zu viel. Zusätzlich gibt sie sich oftmals auch ein wenig rechthaberisch, kühl und selbstsicher. In manchen Fällen verbirgt sie auch eine große Unsicherheit Menschen gegenüber. Sie versteckt sich hinter ihrer Intelligenz und ihren Lehrbüchern. Im Allgemeinen erreicht sie sehr viel im Leben. Im Gegensatz dazu versäumt sie aber auch eine Menge Spaß und gute Beziehungen mit Männern. Derart ehrgeizige, intelligente Frauen nehmen sich

weder genügend Zeit dafür noch verschwenden sie mehr Gedanken als nötig daran, sich fest mit einem Mann einzulassen. Diejenigen, welche trotzdem eine feste Partnerschaft in Erwägung ziehen, haben durch ihre Intelligenz jedoch schlechte Karten bei den Männern. Denn diese fühlen sich nur allzu oft unterlegen.

Das Arbeitstier
gibt sich zielstrebig, fleißig, pflichtbewusst und temperamentvoll. Leider ist sie mit diesem Lebensrhythmus auch unglaublich überarbeitet und daher öfter mal launisch. Arbeitswütige Frauen sind nur selten echte Familienmenschen. Bei all der vielen Arbeit, die sie sich zumuten, bleiben kaum noch die Nerven für Mann und Familie. Beziehungen mit dieser Kategorie Frau sind für Männer äußerst anstrengend.

Die Luxusfrau
kann gleichermaßen der Traum und der Alptraum eines Mannes werden. Es gibt gutaussehende Luxusweibchen mit großer Oberweite und toller Figur, für die Männer gerne ihr Geld ausgeben. Oder verwöhnte, weniger gutaussehende Frauen mit üppigen Ganzkörper-Rundungen, die mit Freuden das Geld ihres Mannes ausgeben. Eines aber haben beide gemeinsam. Sie sind fordernd, verschwenderisch, arrogant, Geld orientiert und nicht selten auch herablassend bis zickig in ihrem Benehmen.

Die Single-Frau
hat meistens Vielseitigkeit, Selbständigkeit und braucht nur selten einen Mann, um ihre Getränke zu schleppen oder um sie im Dunkeln nach Hause zu begleiten. Sie ist

erfinderisch, selbstbewusst und wünscht sich keinesfalls dauerhaft einen Mann in ihrer Nähe. Noch weniger möchte sie eine Familie gründen. Die Single-Frau kann sich sehr gut selber beschäftigen und möchte das tun, was sie für richtig hält. Sie nimmt sich das Recht, ihre Vorlieben auszuleben und diese auch zu pflegen. Zwar hat sie mit Sicherheit auch ihre Beziehungen, dennoch wird sie ihre eigene Wohnung behalten, um diese des Öfteren für sich alleine zu beanspruchen.

Die einfach Gestrickte

ist unkompliziert, hilfsbereit, zuvorkommend und genügsam. Sie macht keine Angelegenheiten komplizierter als sie sind, hat keine Sonderwünsche und braucht keine Ausnahmen. Auf ihre einfache Art nimmt sie die Dinge, wie sie sind. Die einfach Gestrickte muss nicht dauernd etwas Besonderes darstellen. Meistens gibt sie sich leger und Männer brauchen nicht jedes einzelne Wort auf die Goldwaage legen. Sie sieht die Dinge nicht allzu verkniffen, um deshalb schnell beleidigt zu reagieren.

Das beste Stück

hat wunderbare Eigenschaften. Zu jeder Zeit kann man sich auf sie verlassen. Auf eine liebenswerte Art erweist sie sich gleichermaßen großzügig und ehrlich. In ihrer Partnerschaft verhält sie sich überaus handzahm. Abgesehen davon wird sie nur selten von schlechter Laune geplagt. Den Männern wie auch Frauen und Kindern begegnet sie mit Offenheit und Herz. Man muss sie einfach mögen.

Die Liebenswerte
ist die Freundlichkeit in Person. In einer Beziehung verwöhnt sie ihren Partner überaus anschmiegsam und verschmust. Durch ihre liebenswerte Anhänglichkeit wird sie von den Männern gerne mit dem Wort „süß" beschrieben. Bei ihr kann sich ihr Mann darauf verlassen, keinen Hinterhältigkeiten ausgesetzt zu werden. Sie verschwendet auch keine unnötige Zeit mit kleinen oder großen Boshaftigkeiten. Selbstverständlich kann auch sie einmal unschöne Worte einsetzen, wenn ihr etwas gegen den Strich geht, aber normalerweise fühlt sie sich in freundlicher Atmosphäre doch wesentlich wohler.

Der Kumpel-Typ
ist für Männer eine ganz besondere Frau. Diese Kategorie hat Herz, Offenheit und bleibt natürlich in ihrem Wesen. Wenn ihr Mann, ihre Familie oder ihre Freunde einmal Hilfe brauchen, werden sie von ihr nicht enttäuscht. Sie ist eine Frau zum Pferde stehlen. Mit ihr kann ein Mann um die Häuser ziehen. Mit dieser Kategorie Frau hat er nicht nur eine Partnerin fürs Leben gefunden, sondern auch eine echte Freundin.

Der Feldwebel-Typ,
wie der Name bereits deutlich erkennen lässt: Sie ist der Feldwebel in der Familie! Feldwebel-Frauen geben sich gerne laut und krachend. In manchen Situationen verhalten sie sich auch knallhart gegenüber ihrem Partner. Meist sind sie nach außen ziemlich kühl, während sie innen oftmals einen weichen Kern verbergen. Sie werden leicht aufbrausend und lieben ihren Kommando-Ton. Mit Feldwebel-Frauen haben es Männer nicht immer leicht.

Als Partner an ihrer Seite brauchen sie jemanden mit äußerster Standhaftigkeit und Durchsetzungsvermögen oder einen zahmen Trottel. Nur so kann ein Mann neben ihr bestehen.

Die Schüchterne

hat es nicht leicht im Leben. Es fällt ihr besonders schwer, auf andere zuzugehen. Schüchterne Frauen zeigen meist ein ruhiges und automatisch auch ein zurückhaltendes Wesen. Bei der Partnersuche ist dieses Verhalten aber überaus hinderlich. Ihnen fehlt es an Selbstbewusstsein und Durchsetzungsvermögen. Aus dem Grund erreichen schüchterne Frauen in ihrem Leben nicht immer das, was sie sich erhoffen. Denn dazu müssten sie permanent über ihren Schatten springen können.

Das Mannweib

zeigt des Öfteren auch ihre Zähne. Ihr Wesen lässt sich mit den Worten herb, rustikal, burschikos und selbstbewusst beschreiben. Mannweib-Frauen brausen gerne auf, wenn sich ihnen jemand in den Weg stellt. Sie vertreten ihrem Partner gegenüber nicht selten einen kühlen, bestimmenden Kommando-Ton. Nur darf man ihren Hang zum Kommando keinesfalls mit Herzlosigkeit verwechseln. Sie verhalten sich nur etwas herber als einige andere Kategorien und verfügen lediglich über mehr als genug Durchsetzungsvermögen.

Der Domina-Typ,

diese Frauen sind äußerst temperamentvoll, herrschsüchtig und angriffslustig. Grundsätzlich gilt, das, was sie möchte, wird auch ausgeführt. Mitunter kann die Domina-Frau beizeiten auch biestig, knallhart oder wenn nötig auch schon mal handgreiflich werden. Sie möchte als alleinige Herrin im Hause gelten. Sie nimmt sich das Recht, auch noch das Leben ihres Mannes oder ihrer Familie zu regeln. Obwohl sie mit den Männern nicht gerade zimperlich umspringt, bedeutet dies aber keineswegs, dass eine Partnerschaft mit ihr nicht auch genüssliche Vorzüge hat.

Das Alpha-Weib
hat durchaus Ähnlichkeit mit dem Domina-Typ, nur in abgeschwächter Form. Eine Alpha-Frau ist bestimmend, selbstsicher und fordernd. Durch ihre Selbstsicherheit wird sie oft für ausgesprochen arrogant gehalten. Die Alpha-Frau hält das Ruder fest in ihrer Hand, wodurch sie manchmal auch leicht reizbar werden kann. Allerdings organisiert sie ihr Leben, das ihres Mannes oder das ihrer Familie mit großer Zielstrebigkeit und noch mehr Gewissenhaftigkeit.

All in one,
solche Frauen gibt es tatsächlich. Sie sind gleichzeitig ein Kumpel für ihren Mann und ein gute Mutter. Sie führen einen ordentlichen Haushalt und sehen zudem noch gar nicht mal übel aus. Mit ihr kann ein Mann durch dick und dünn gehen. Diese Kategorie Frau organisiert ihr Leben unglaublich gut. Sie hat Intelligenz. Und vor allem blamiert sie ihren Mann grundsätzlich nicht vor anderen. Was will ein Mann denn noch mehr? Ich weiß schon, eine reiche Frau mit übergroßen T...!

Die ewige Helferin

denkt ausnahmslos zuerst an andere und danach dann an sich selbst. Ihr Verhalten wird von Hilfsbereitschaft, Großzügigkeit und fürsorglicher Aufmerksamkeit für andere geprägt. Durch ihre Gutmütigkeit wird sie leider sehr oft ausgenutzt. Die ewige Helferin lässt es zu, dass andere wesentlich mehr von ihr bekommen, als sie jemals von ihnen zurückbekommen wird.

Die typische Ehefrau

will auf jeden Fall eine Familie, anstatt von einer Beziehung in die andere zu stürzen. Um ihren Mann und ihre Kinder gut zu versorgen, opfert sie auch gerne ihre berufliche Karriere. Wenn eine typische Ehefrau weiß, was sie will, kann es durchaus vorkommen, dass sie sich auch ein wenig fordernd verhält. Allerdings nicht aus purem Egoismus, sondern meistens nur zum Besten ihrer Familie. Sie steht grundsätzlich voll hinter ihrem Mann. Das Wort „fremdgehen" ist ihr zwar bekannt, hat für sie aber keinerlei Bedeutung. Auch dann, wenn ihre Ehe längst nicht mehr das Gelbe vom Ei verspricht, bleibt diese Kategorie Frau ihrem Mann treu.

Das Sensibelchen

stellt eine große Herausforderung für Männer dar. Sie ist überaus empfindlich. Aus diesem Grund nimmt sie jedes beleidigend klingende Wort sehr persönlich. Sie fühlt sich davon seelisch schwer getroffen. Unter ihren Ängsten und Sorgen haben Sensibelchen mehr als andere zu leiden, da sie es kaum wagen, sich jemanden anzuvertrauen. Diese Kategorie Frau ist unglaublich mitfühlend, liebebedürftig und anhänglich. Meistens haben sie ein überragendes Fingerspitzengefühl für schwierige Situationen und letztendlich auch für die Schwächen der anderen.

Die Egoistin

denkt grundsätzlich nur an sich selbst. Auch dann, wenn sie jemanden etwas zukommen lässt, geschieht dies nur zu ihrem Vorteil. Denn hinter ihrer Großzügigkeit steckt nur die Erwartung, so schnell wie möglich davon zu profitieren. Eine Egoistin verhält sich meist taktlos und arrogant. Sie braucht viel Anerkennung und erhofft sich sämtliche Vorteile des Lebens. Leider erkennt sie selbst nicht, wie eigennützig und egoistisch sie durchs Leben geht.

Im Prinzip hat jeder Mann so seine Vorstellung davon, welche Wesenszüge bzw. welcher Charakter ihm bei einer Frau wichtig erscheint. Aus diesem Grund ist jede Kategorie Frau schlichtweg reine Geschmackssache.

Frauen haben es nicht immer leicht

Frauen sind keineswegs so undurchschaubar wie es scheint. Gegenüber den Männern sind sie nur viel komplexer, einfallsreicher und vielfältiger in ihrem Denken wie auch in ihrem Handeln.

Im Grunde ticken Frauen gar nicht so sehr anders als Männer. Sie streben lediglich die besten Möglichkeiten an, um ein schönes, sorgenfreies Leben führen zu können. Genau wie Männer auch. Nur Frauen stellen sich dabei meistens etwas raffinierter an. Frauen sind eben wesentlich empfindsamer, oft auch ehrgeiziger als ihre dreibeinigen Mitstreiter. Das ergibt sich aus ihrer Stellung gegenüber den Männern. Frauen haben ständig das Gefühl, besser sein zu müssen als die erhabene Männlichkeit. Privat wie auch im Berufsleben. Gleichzeitig sollen sie auch noch schöner, schlanker, jünger oder intelligenter sein als andere Frauen, weil sie zu allem Übel auch noch gegen sie konkurrieren müssen. Somit ergibt sich für Frauen eine völlig andere Motivation, ihr Ziel zu erreichen. Na ja und dann sind da noch diese verflixten weiblichen Hormone, die ziemlich viel Stress für SIE und auch für IHN mit sich bringen (wobei Männer es mit ihrem Testosteron, dem männlichen Aggressionshormon, auch nicht viel besser getroffen haben als Frauen).

Nachdem nun solche geballten Faktoren aufeinander treffen, verhalten sich Frauen weitaus sensibler, aufgeweckter und letztendlich auch zielstrebiger, um ihr Leben nach den eigenen Vorstellungen gestalten zu können. Männer würden es manchmal wohl eher ein wenig gnadenloser nennen. Aber ganz so übel sind Frauen nun auch wieder nicht!?

Besonders gefährliche Fragen an eine Frau

Es gibt mindestens fünf Fragen, die ein Mann seiner Frau nur im äußersten Notfall stellen sollte. Oder dann, wenn er besonders gut einschätzen kann, ob sie ihm seine Frage vielleicht übel nehmen wird. (Aber welcher Mann kann das schon von sich behaupten?) Denn diese Fragen können manchmal die gute Laune einer Frau sehr schnell verderben.

Was sollen wir heute unternehmen?
Klingt zunächst völlig harmlos. Aber der Schein trügt. Denn das könnte sich sehr schnell ändern. Wenn seine Frau genau weiß, was sie mit ihm unternehmen möchte, ist diese Frage durchaus in Ordnung. Dann wird sie ihm auch gerne eine Antwort darauf geben und sich darüber freuen, wenn ihr Mann ihr diesen Unternehmungswunsch auch erfüllt. Sollte seine Frau allerdings nicht so recht wissen, was sie an diesem Tag unternehmen will, gibt sie seine Frage an ihn zurück. Und darin liegt nun der Hase im Pfeffer. Trifft ihr Mann die falsche Auswahl und der Unternehmungsvorschlag gefällt ihr nicht, dann wäre es gut möglich, dass sie auf seinen Vorschlag enttäuscht reagiert. Sie könnte sich darüber ärgern, dass ihr Mann noch nicht einmal weiß, was SIE interessiert. Damit würde ihre gute Laune sehr schnell in eine schlechte umschlagen. Wenn er Pech hat, denkt sie von ihm sogar, es wäre ihm völlig egal, was ihr gefällt. Sie könnte davon ausgehen, dass er sie nur aus Anstand gefragt hat, was sie unternehmen möchte. Jedoch insgeheim würde er hoffen, sie

würde ihm die Entscheidung überlassen, was unternommen wird. So kann er am Ende doch seine persönlichen Interessen wahrnehmen. Liebe Männer, Hand aufs Herz. In manchen Fällen liegen Frauen mit dieser Annahme nicht einmal daneben.

Wann war gleich noch mal dein Geburtstag?

Diese Frage ist natürlich voll daneben. Wenn eine Beziehung bereits mehr als drei Monate überstanden hat, erwarten Frauen von ihrem Partner, dass er aus Liebesglück oder mindestens Anstand ihr Geburtsdatum endlich gespeichert hat. Trotz allem werden sie ihrem Partner selbstverständlich überaus großzügig verzeihen, wenn er ihr Geburtsdatum doch noch verwechselt oder sogar mal vergisst. Aber einem Mann mit länger andauernder Beziehung oder einem Ehemann würde ich dringend davon abraten, seine Frau nach ihrem Geburtsdatum zu fragen. Das könnte ziemlich in die Hose gehen. Für manche Frauen ist aus diesem Grund ein Donnerwetter angesagt. Wenn nicht sogar ein Abend, an dem sie deswegen kein Wort mehr spricht. Je nachdem wie lange sie bereits zusammen sind oder wie oft er ihren Geburtstag schon vergessen hat. Genauso daneben wäre es für einen Mann, das Alter seiner Frau nicht zu wissen. Für Frauen ist es nämlich eine Beleidigung, wenn ihr Partner sich ihren Geburtstag oder ihr Alter nicht merken kann. Oder wenn er keine Lust dazu hat, sich dieses Datum aufzuschreiben oder einzuprägen. Wie auch immer. Für Männer ist es schlicht und ergreifend eine Blamage, das Geburtsdatum ihrer Frau nicht zu wissen. Daher sollten sie es gerechterweise geduldig hinnehmen, wenn sie von ihrer Frau mehr oder weniger dafür bestraft werden.

Was soll ich dir zu deinem Geburtstag schenken?

Dies könnte bereits eine Frage zu viel gewesen sein! Viele Frauen wünschen sich insgeheim, dass ihr Mann genau weiß, was sie sich von ihm zum Geburtstag wünscht. Sie würde sich unglaublich darüber freuen, wenn ihr Mann eine tolle Idee hat, was er ihr schenken könnte. Frauen lieben tolle Überraschungen. Sie leben in der Hoffnung, dass ihr Mann sie beim von ihm ungeliebten Stadtbummel oder beim Durchstöbern von Katalogen genau beobachtet. So wüsste er am Ende genau, was ihr besonders gut gefallen hat, um es ihr anschließend schenken zu können. Den Frauen würde es schon reichen, wenn ihr Mann sich wenigstens an *ein* Zielobjekt ihrer Begierde erinnern würde, vor dem sie beim Bummeln stehen blieben bzw. von dem sie im Katalog begeistert waren. Aber die meisten Frauen können wohl nur davon träumen. Für Männer ist es zu viel Aufwand sich dahinter zu klemmen, um herauszufinden, was ihre Frau sich wünscht. Aber einen Trumpf haben Männer trotzdem im Ärmel. Denn wenn sie eine Frau haben, die sich ihr Geburtstagsgeschenk lieber selbst aussuchen möchte, haben sie zwei gute Möglichkeiten: Entweder sie geben ihr einfach das Geld oder den Gutschein für ein schönes Geschenk oder sie fragen ihre Frau, was sie sich wünscht und hören ihr genau zu, um ihr diesen Wunsch erfüllen zu können. Mit einem Schleifchen hübsch verpackt können sie eigentlich nichts mehr falsch machen. Auch dann, wenn eine Frau genau weiß, was sie zum Geburtstag bekommt, packt sie ihr Geschenk liebend gerne aus.

Gibt es heute Abend Sex?

Diese Frage kommt bei Frauen nur äußerst selten an. Sie wirkt kühl, sachlich und wurde zudem noch, was den Zeitpunkt angeht, zu früh gestellt. Für Frauen hat Sex nur wenig mit Sachlichkeit zu tun, sondern mit Gefühl. Und mal ehrlich, sehr gefühlvoll klingt die Frage „Gibt es heute Abend Sex?" nun wirklich nicht. Außerdem wollen Frauen nicht bereits am Morgen darüber nachdenken müssen, ob sie abends Lust auf Sex haben. Mit dieser Frage kann ein Mann seine Frau nur schwer anwärmen. Es sei denn, sie hat nach einer Liebespause schon auf diese Frage von ihrem Mann gewartet. Oder sie braucht eine Vorlaufzeit, um sich bis zum Abend auf Sex einzustellen. Manchmal ist es allerdings genau diese kühle, sachliche Frage, die Frauen dazu bringt, ihrem Mann mit „nein" zu antworten. Denn viel lieber haben es Frauen, wenn ihr Mann spontan und mit sanfter Umarmung testet, ob sie bereit fürs Schlafzimmer sind. Wenn sie dann ihrerseits ebenfalls Lust auf ein Schlafzimmergeplänkel haben, zeigen sie ihm dies mit liebevoller Erwiderung seiner Umarmung. Wenn sie keine Lust darauf haben, zeigen sie es ihrem Mann durch Abwehren seiner Umarmung. Mal mehr oder weniger heftig. Wenn Männer mit ihrer Frau schlafen möchten, wäre es besser, auf diese Fragestellung zu verzichten. Oder sie richten die Frage nach Lust auf Sex nicht vor dem Abend an ihre Frau.

War ich gut im Bett?

Die Frage „War ich gut im Bett?" ist eine der dümmsten Fragen, die ein Mann seiner Frau überhaupt nur stellen kann! Selbst dann, wenn eine Frau mit den Schlafzimmerqualitäten ihres Mannes überaus zufrieden ist. Auch wenn er sie überglücklich im Bett macht, wäre es trotzdem das Beste für ihn, auf diese Frage zu verzichten. Jede Frau wünscht sich von ihrem Mann so viel Sensibilität, um zu erkennen, dass sie jede Minute im Schlafzimmerklinsch mit ihm genießen könnte. Aus diesem Grund möchte sie es nicht zusätzlich noch mit Worten bestätigen müssen. Abgesehen davon könnte sie sehr leicht auf die Idee kommen, ihr Mann hat sich eigentlich nur auf sich selbst konzentriert und dabei nicht einmal bemerkt, *wie viel* Spaß sie mit ihm hatte. Es wäre gut möglich, dass es bei ihr den Anschein erweckt, ihr Mann ist trotz allem Spaß nur auf sein männliches Ego bedacht. Wenn Frauen im Bett von ihrem Mann begeistert sind, richten sie ab und zu von sich aus Komplimente an ihn, ohne danach gefragt zu werden. Aber auch Männer, die ihre Frau im Bett nicht zufrieden stellen können, aus welchen Gründen auch immer, werden von ihren Frauen selbstverständlich eine positive Antwort auf ihre Frage erhalten. Da sie ihren Mann trotz seiner sparsamen Bettqualitäten keinesfalls beleidigen wollen, werden sie ihn aus Liebe oder Taktgefühl anschwindeln. Und mal ganz ehrlich! Eine Beziehung bleibt doch weitaus schöner, wenn Männer, die keine super Hengste im Bett sind, dies aus Liebe von ihrer Frau nicht aufs Butterbrot geschmiert bekommen. Kein Mann sollte wirklich daran interessiert sein, von seiner Frau eine weniger tolle Wahrheit zu erfahren. Frauen, die ihrem Mann zwar ehrlich, aber negativ auf die Frage nach seinen Bettqualitäten antworten, haben entweder sehr wenig für ihn übrig oder er war nur ein „One-Night-Stand" und daher für sie unwichtig. Jeder halbwegs vernünftig denkende Mann täte also gut daran, diese Frage schnellstens aus seinem Fragekatalog zu streichen.

Denn speziell diese Frage kann den Frauen doch ziemlich lästig werden. Ob nun Hengst oder nicht!

Welche Augenfarbe hast du gleich noch mal?
Auch diese Frage ist mit Vorsicht zu genießen. Hierbei kann eine Frau sehr leicht auf die Idee kommen, ihr Mann wäre nur an bestimmten Äußerlichkeiten interessiert. Wenn er auch Begeisterung für ihren Charakter aufbringen würde, müsste er diese Frage nicht stellen, da sein Blick wenigstens ab und zu einmal ihre Augen oder ihr Gesicht gestreift hätte. Außer er ist der Meinung, dass der Charakter einer Frau die Maße 90-60-90 hat. Und nachdem er die Augenfarbe seiner Frau schlichtweg vergessen hat, könnte sie annehmen, dass ihr Mann sich vermutlich weitaus mehr für ihren Ausschnitt als für ihre Augen begeistert hat. Wofür Frauen normalerweise durchaus auch Verständnis aufbringen. Dennoch die Augenfarbe ihrer Frau zu kennen, sollte für Männer rein theoretisch keinerlei Schwierigkeit darstellen. Oder etwa doch?

Wenn Frauen den Männern schmeicheln

Was dahinter steckt, kann auch für Männer kein großes Rätsel mehr sein. Aber es würde hier nicht um Frauen gehen, wenn da nicht mindestens drei gute Gründe vorhanden wären, um den Männern so richtig um den Bart oder ihr rasiertes Kinn zu gehen.

Frauen schmeicheln auf jeden Fall dann, wenn sie etwas haben möchten. Und um dies auch zu bekommen, finden sie unglaubliche Worte oder Taten, mit denen sie ihr Schmeichelopfer ziemlich schwer beeindrucken, um nicht zu sagen verlegen machen können. Frauen schmeicheln ihrem Mann auch aus Liebe, aus Fürsorglichkeit oder um ihn zu trösten. Etwa mit Komplimenten über seine Stärke, seine Selbstsicherheit oder überhaupt seine Fähigkeit, alles schaffen zu können, was er nur will. Sie sind auch dazu fähig, einem Mann aus ehrlicher Begeisterung oder Anerkennung für ihn zu schmeicheln. Dies wäre dann, außer den Schmeicheleien aus Liebe, eine von Herzen kommende Sache. Jedoch am liebsten schmeicheln Frauen den Männern mitunter dann, wenn sie flirten. Sie genießen es dabei über alle Maßen, die Reaktion ihres Gegenübers zu beobachten. Die Reaktion eines Mannes auf ihr Schmeicheln macht einer Frau erst so richtig Laune. Aber machen wir uns nichts vor. Die meisten Schmeicheleien dürfen Männer dann genießen, wenn ihre Frau etwas von ihnen haben möchte oder wenn sie damit etwas erreichen will. Daher sollten sie die Schmeichelei ihrer Frau sehr ausgiebig genießen. Wer weiß, wann die nächste kommt! Und mal ganz ehrlich! Männern gefällt es doch immer wieder extrem gut, wenn sie von Frauen so richtig eingewickelt werden. Denn welcher Mann hört nicht gerne, wie gut er aussieht oder dass er erstaunliche Fähigkeiten besitzt und dass er ein super Typ ist ...! Ganz besonders dann, wenn es auch noch stimmt! Und welcher Mann lässt sich von seiner Frau nicht gerne betütteln oder sogar bedienen. Allein schon diese Aussicht müsste es den Männern bereits wert sein, ihrer Frau durchaus öfter mal einen ihrer Wünsche zu erfüllen. Die Schmeicheleien kommen dann ganz von selbst.

Die Bildung und Intelligenz der Frauen

Im Prinzip spielt es keine Rolle, ob eine Frau gebildet ist oder nicht. Jedenfalls nicht für Männer. Denn gebildete Frauen wissen, welch hohe Intelligenz sie vorweisen können, um ihr gestecktes Lebensziel zu erreichen. Während weniger gebildete Frauen von sich wissen, dass auch sie die typisch weibliche Raffinesse besitzen, die durchaus mit Intelligenz konkurrieren kann. Diese Raffinesse ist für eine Frau ausreichend, um einen Mann zu beeindrucken und damit ebenfalls ihr Ziel im Leben zu erreichen. Dies kann natürlich keiner gebildeten Frau imponieren. Doch selbst der intelligenteste Mann hat oftmals sein so ungebildetes Frauchen bei weitem unterschätzt. Nachdem er grundsätzlich hinter ihr vermutet, dass sie viel zu wenig Bildung vorweisen kann, um ihm ebenbürtig zu sein. Aus dem Grund fühlt er sich ihr in hohem Maße überlegen. Jedoch eines wird dabei vergessen. Frauen brauchen keinerlei Bildung, um ihrem Mann zu zeigen, wo es lang geht, sondern nur ihre Reize. (Schon vergessen?)

Unterm Strich bedeutet das: Für Männer gibt es eigentlich nur intelligente Frauen. Und für Frauen hieße das: Auch die höchste Bildung bringt ihnen, was Männer betrifft, absolut keine Vorteile, da jede Kategorie Frau bei den Männern ihre Chancen zu nutzen weiß. Nur jede auf eine andere Art. Während es den Männern im Grunde völlig unwichtig erscheint, ob ihre Frau Bildung hat oder nicht, legen Frauen großen Wert auf die Bildung ihres Mannes. Selbst die etwas weniger gebildeten Frauen.

Im Allgemeinen sind es sogar genau diese Frauen, die sich ganz besonders stolz zeigen, einen gebildeten Mann beeindrucken zu können. Aber letztendlich bleibt grundsätzlich alles nur eine Frage der weiblichen und männlichen Anziehungskraft.

Alarmstufe rot

Zugegeben, selbstverständlich sind nicht alle Frauen auf der Welt nur liebe Engel. Das wäre auch ziemlich langweilig. Und zwar für beide Seiten. Aufgrund einer solchen Tatsache wäre die gesamte Vielfalt an aufregenden, unterschiedlichen Frauen dahin. Folglich hat also jede Kategorie auch seine Vorzüge. Außerdem finden sich unter den Männern ebenso wenig nur brave Lämmer. Was so manch einer Frau nicht immer ungelegen kommt.

Allerdings eine Kategorie Frau sollte ganz besonders erwähnt werden. Denn sie könnte gleichermaßen den Männern wie auch den Frauen ein wenig gefährlich werden. Sie spielt gerne mit gutgläubigen Männern. Und was andere Frauen betrifft, die sie als Konkurrenz betrachtet, sie haben nur in Einzelfällen eine Chance, gegen sie zu gewinnen. Ich nenne sie „Die Unbezwingbare". Laut Statistiken über den Traummann einer Frau hieß es am häufigsten: Männer sollen Humor haben, gefühlvoll und zärtlich sein können, aber durchaus mal ein wenig Mumm zeigen. Das ist völlig richtig. Etliche Frauen wären unglaublich begeistert, würde ihr Mann mit ordentlich MUMM so richtig auf die Palme gehen, wenn er feststellt, dass er von ihr nur ausgenommen wurde. Anschließend sollte er es mit HUMOR hinnehmen, wenn seine Frau fast sein gesamtes Inventar mitgenommen hat. Und letztendlich wäre es unvergesslich gut zu erleben, wie er GEFÜHLVOLL darüber weinen könnte, weil seine spätere Ex-Frau mit seinem ganzen Geld verschwunden ist! Sorry an die Männer!

Aber nun lassen wir diesen doch etwas zweifelhaften Spaß beiseite und kommen wieder zurück zur Unbezwingbaren. Sie hat tatsächlich die Fähigkeit, genau dieses Ziel mit Leichtigkeit zu erreichen, wenn sie sich dazu entschlossen hat. Die Unbezwingbare ist genial im Umgang mit Männern. Wenn sie pokert, erzielt sie mit Sicherheit auch ein Full House. Sie hat die Taktik, einen Mann so lange mit dem Satz „Sie wäre doch eine perfekte Frau zum Heiraten" zu impfen, bis er letztendlich selber von der Richtigkeit dieser Aussage überzeugt ist. Sie erweckt gegenüber einem Mann überaus glaubwürdig den Anschein, als würde sie jede kleine Selbstverständlichkeit rein selbstlos und nur aus Liebe zu ihm erledigen. Gleichzeitig sorgt sie dafür, dass diese Kleinigkeiten vom ihm als außergewöhnliche Dienste wahrgenommen werden. Hierbei stellt sich die Frage: Wie kann so etwas nur möglich sein? Ganz einfach! Die Unbezwingbare überzeugt auch mit ihren Worten. Sie erklärt ihm plausibel und gefühlvoll ausgeschmückt, wie sehr sie sich für ihn verausgabt, um ihn glücklich zu sehen. Durch ihre ehrliche Ausstrahlung bei ihren näheren Erläuterungen erweckt sie in den Augen eines Mannes den Eindruck, dass er mit ihr tatsächlich die perfekte Frau für sein Leben gefunden hat. Wenn sie dieses Ziel bei ihm erreicht hat, kann im Allgemeinen eine faszinierende wie auch ereignisreiche Ehe beginnen. Die Tatsache, dass eine Frau in der Lage ist, Männer so extrem zu beeindrucken und damit auch zu beeinflussen, macht sie für andere Frauen zur großen, nicht ungefährlichen Konkurrenz. Hingegen für Männer macht sie diese Tatsache höllisch interessant wie auch reizvoll. Jeder Mann, der sich auf eine Unbezwingbare einlässt, muss sich sehr warm anziehen. Denn in ihr hat er mit Sicherheit seine Meisterin gefunden, ihn an der Nase herumzuführen. Was für den Mann trotz allem anderen auch bedeuten kann, dass er mit ihr eine ziemlich aufregende Zeit erleben wird.

Die Neugier der Frauen

Es ist allgemein bekannt, dass die Neugier der Frauen grenzenlos ist. Das stimmt auch! Frauen sind meistens viel neugieriger als Männer. Aber das hat auch seinen Sinn. Nicht immer hat die Neugier einer Frau nur mit Spaß oder Misstrauen zu tun. Es könnte durchaus möglich sein, dass eine Frau rein aus Sorge um ihren Mann ihrer weiblichen Neugier nachgeht. Wenn Frauen bestens informiert sind, kennen sie seine Ängste und seine Sorgen. Dadurch wissen sie genau, wann er in finanziellen Schwierigkeiten steckt oder ob er über gesundheitliche Probleme oder irgendwelche andere Ärgernisse grübelt. In dem Fall sind Frauen dazu in der Lage, ihrem Mann auch dann zu helfen, wenn sie von ihm nicht darum gebeten wurden. Zugegeben, Frauen sind auch noch aus dem Grund neugierig, weil sie wissen wollen, wie sie ihrem Mann so richtig eins auswischen können, nachdem er sie verärgert hat. Die Neugier wird von Frauen auch dazu eingesetzt, um herauszufinden, ob ihr Mann fremdgeht. Und gegebenenfalls werden sie dann dementsprechend negativ darauf reagieren. Außer sie finden heraus, dass er zu Unrecht verdächtigt wurde. Dann nutzen sie die Gelegenheit und wenden sich wieder angenehmeren Dingen zu. Aber mal abgesehen von allem anderen haben Frauen noch einen Grund zur Neugier, der ihnen überaus wichtig erscheint. Es macht ihnen schlicht und ergreifend einfach nur Freude, Geheimnisse zu lüften. Sie finden gerne die Dinge heraus, welche auf keinen Fall für ihre Augen oder Ohren bestimmt waren. Ihre Philosophie dabei ist es, die Tatsache zu genießen, dass ihrer Neugier nichts entgeht. Während ihr Mann noch nicht einmal die Hälfte von dem ahnt, was sie bereits herausgefunden haben. Frauen schmunzeln innerlich darüber, wie pfiffig sie sind. Selbstverständlich gilt auch hier: „Ausnahmen bestätigen die Regel!"

Nicht alle Frauen müssen unbedingt alles wissen. Während manche Männer wiederum vor Neugier fast zerplatzen.

Der Traummann einer Frau

Zwar stehen Frauen in ihren Träumen auf Männer wie Brad Pitt, George Clooney, Pierce Brosnan oder einen Tänzer der Chippendales, weil diese Männer gleichermaßen reich, gutaussehend wie auch berühmt sind. ABER der Mann, mit dem sie ihr Leben verbringen wollen, hat das alles nicht zu bieten. Denn tatsächlich wünschen sich Frauen zu ihrem Glück einen greifbaren Mann zum Anfassen, Umarmen und Liebkosen, genauso wie zum Streiten, Herumschupsen und Bevormunden. Einige wünschen sich einen lieben, treuen, ehrlichen Mann mit Humor wie auch Intelligenz und genügend Geld, um nicht sparen zu müssen. Und er sollte wenn möglich auch einigermaßen ansehnlich sein, braucht aber keineswegs die Figur eines Männermodels. Einer Frau genügt also durchaus auch ein Otto-Normal-Mann, der sie liebt und nicht betrügt, der es zu schätzen weiß, was er an ihr hat. Der Traummann einer Frau muss kein tausendprozentiger Macho sein und kein Softie, kein Dummkopf und kein Lügner. Er braucht im Grunde nur einen guten Charakter mit ein wenig Mumm.

Die besonders pfiffigen, außergewöhnlich egoistisch denkenden Frauen wünschen sich einfach einen reichen Mann. Mindestens fünfundzwanzig Jahre älter als sie, der ihre Schönheits-OP bezahlt und ihnen möglichst bald ein großes Vermögen hinterlässt. Dies ist vielleicht nicht die feine englische Art zu denken, aber es gibt den Frauen doch ein beruhigendes Gefühl von finanzieller Sicherheit. Sie haben nun mal große Wünsche, die sie sich erfüllen möchten, aber nicht die Möglichkeit, dies selber zu erreichen. Folglich setzen sie sich zum Ziel, einen reichen Mann zu ehelichen.

Zwischen den bereits erwähnten Traummännern einer Frau gibt es noch eine völlig andere Kategorie Traummann. Wenn sich eine Frau so richtig heiß und innig in einen armen Mann verliebt, wünscht sie sich keinen der anderen beschriebenen Männer mehr. Denn aus Liebe muss es unbedingt und ausgerechnet dieser arme Kerl sein, der vielleicht noch nicht einmal besonders gut aussieht. Nachdem Frauen absolut konsequent sind bei der Auswahl ihres Traummannes, erhalten wir unterm Strich für alle Männer eine gute Nachricht. Und diese wäre: Im Prinzip kann jeder Mann der Traummann für eine Frau sein!

Welche Kategorie Mann kommt bei einer Frau nicht gut an?

Frauen bewerten auf jeden Fall acht wichtige Kriterien, nach denen sie einen Mann beurteilen. Nur allzu oft tragen genau diese Kritikpunkte dazu bei, dass Frauen die Entscheidung treffen, einen Mann nicht als ihren Partner auszuwählen.

An erster Stelle kann man getrost gewalttätige Männer setzen. Zu den gewalttätigen Männern braucht man kaum noch etwas hinzufügen. Außer dass nur wenige Frauen es ertragen bzw. sogar wollen, von ihrem Mann geschlagen zu werden. Aus diesem Grund machen die meisten Frauen einen großen Bogen um solche Männer.

An zweiter Stelle stehen liebestolle Männer, die ständig fremdgehen. Jede Frau fühlt sich von einem Mann, der andauernd fremdgeht, belogen, hintergangen, gedemütigt, abgewiesen und für ihn nicht mehr attraktiv genug. Welche Frau möchte schon freiwillig so tief von ihrem Mann verletzt werden?

An dritter Stelle stehen geizige Männer. Frauen wünschen sich sehnlichst, finanziell nicht eingeschränkt zu werden. Jede Frau hat kleinere oder größere Wünsche, die sie sich früher oder später gerne erfüllen würde. Und ist ihr Mann ein Geizhals, bekommt sie nicht einmal die Gelegenheit dazu, sich wenigstens ihre kleinen Wünsche zu erfüllen. Männer sollten dabei eines immer bedenken: Frauen geben nun mal sehr gerne Geld aus, um sich schöne Dinge zu gönnen. Infolgedessen erhoffen sie sich von ihrem Mann, dass er ihnen diese schönen Dinge von Herzen gönnt. Folglich haben geizige Männer bei Frauen weitaus schlechtere Chancen als großzügige.

An vierter Stelle stehen Männer, die zu viel trinken. Sie sind oftmals unberechenbar und aggressiv. Daher ist es für die meisten Frauen überaus schwierig, mit ihnen umzugehen. Männer fordern daher sehr oft zu viel von ihrer Frau, wenn sie erwarten, dass sie seine Trinkerei verständnisvoll toleriert.

An fünfter Stelle stehen nörgelnde Männer. Von ihnen fühlen sich Frauen bevormundet, beleidigt und manchmal auch ungerecht behandelt. Welcher Frau würde dies auf Dauer gefallen? Für Männer sind nörgelnde Frauen doch auch der reinste Alptraum.

An sechster Stelle stehen schmuddelige Männer. Sie machen auf Frauen einen unangenehmen Eindruck und riechen auch so. Nachdem Frauen selbst gerne Parfüm benutzen, sich die Haare frisieren und auch gepflegt kleiden, wäre ein schmuddeliger Mann für sie kaum akzeptabel.

An siebter Stelle stehen Männer, die nicht reden wollen. Da Frauen gerne und viel reden, haben sie bei solchen Männern nur das Gefühl, dass es sie nicht interessiert, was ihre Frau tut oder was sie denkt. Außerdem geben stille Männer einer Frau auch noch das Gefühl, sie würden ihr kein Vertrauen schenken und aus diesem Grund kaum mit ihr reden.

An achter Stelle stehen intelligente, raffinierte Männer. Bei diesen Männern wüssten Frauen genau, dass sie es immer mal wieder versuchen würden, sie auszutricksen. Außerdem müssten sie auch ständig damit rechnen, dass ihr raffinierter Mann so manche ihrer weiblichen List durchschauen könnte. Keine Frau möchte von ihrem Mann durchschaut werden. Und noch viel weniger möchte sie von ihm ausgetrickst werden.

Der feine Unterschied zu den Männern

Der feine Unterschied liegt doch klar und deutlich auf der Hand! Männer erwarten grundsätzlich, von ihren Frauen geliebt und umsorgt zu werden, obwohl sie selbst meistens nicht fähig dazu sind und beizeiten dies auch nicht sein wollen. Während Frauen trotz ihrer Berechenbarkeit sehr wohl fähig sind, einen Mann zu lieben und auch zu umsorgen. Zwar erhoffen sie sich von ihrem Mann, dass er ihre Liebe erwidert und sie ebenfalls umsorgen wird, aber letztendlich sind Frauen allein schon mit dem Versuch ihres Mannes zufrieden, ihnen Liebe entgegenzubringen. Mit seiner Fürsorge rechnen sie sowieso kaum. Und genau das macht den feinen Unterschied. Die Frage, warum das so ist, lässt sich sehr leicht beantworten. Frauen sind einerseits aus Liebe zu ihrem Mann mit dem Wenigen, das sie von ihm bekommen, zufrieden! Andererseits ist ihnen auch bestens bekannt, dass es absolut nichts bringen würde, mehr als nur gute Versuche von ihrem Mann zu erwarten. Sie wären nur jedesmal unglaublich enttäuscht darüber, wenn er wieder mal ihre Erwartungen nicht erfüllen kann. Deshalb wissen Frauen auch jeden positiven Versuch ihres Mannes, sich um eine gute Beziehung zu bemühen, sehr zu schätzen. Aus Dankbarkeit und auch als Anerkennung für ihre Bemühungen bekommen einige Männer das, was sie ihrer Frau geben, in doppelter Menge von ihr zurück. Ab und zu sind Männer auch wahre Glückspilze. Hoffentlich wissen sie das auch.

Allerdings auf beiden Seiten finden sich die berühmten Ausnahmen. Einige Männer sind sehr wohl fähig, ihre Frau zu lieben und sie auch zu umsorgen. Genauso wie es Frauen gibt, die sich ihrem Mann gegenüber kalt wie eine Hundeschnauze verhalten. Aus welchen Gründen auch immer.

Typisch Frau

Was heißt schon typisch Frau? Männer haben doch auch so ihre mann-typischen Eigenheiten. Oder etwa nicht? Jeder einzelne Mensch hat seinen eigenen Stil wie auch seine Wesenszüge und daraus entwickeln sich dann im Laufe der Zeit mehr oder weniger Eigenheiten. Tatsache aber ist: In einigen Situationen kann man durchaus von typisch weiblichem wie auch von typisch männlichem Verhalten sprechen. Ebenso wie von typisch weiblichen wie auch typisch männlichen Vorlieben.

Ein Beispiel für typisch weibliche Vorlieben wäre das Faible zum Sammeln von zuckersüßen, putzigen Dingen, wie Herzchen, kleine Enten, Plüschkissen, hübsche Deko-Deckchen, Clowns oder Häschen usw. Wenn es um Haustiere geht, haben Frauen das dringende Bedürfnis, ihr Tier zu bemuttern und zu betütteln, als wäre ihr Tier ein Baby, das sie liebkosen. Genau deshalb bevorzugen sie eher die kleinen Hunde. Ebenfalls typisch Frau ist es, eine volle Handtasche bei sich zu tragen. Der Inhalt besteht dann aus Utensilien, bei denen Männer im Allgemeinen nicht nachvollziehen können, warum sie in der Handtasche gelandet sind. Für sie sind es eher Dinge, die kaum ein Mensch braucht und erst recht nicht nur eine einzige Frau. Die Rede ist von Utensilien zum Schminken wie Liedschatten, Wimperntusche, Nagellack, Kajalstift, ein kleiner Spiegel, Taschentücher, Zettel, Kärtchen, Adressbuch, Kämme, Bürsten, Ersatzstrümpfe ...! Und wenn es ihnen finanziell möglich ist, nehmen sie noch einen großen, vollen Geldbeutel mit.

Männer dagegen sammeln viel lieber Miniatur-Autos oder Motorräder, Fotos von nackten Frauen, Werkzeug,

Uhren usw., als Haustier bevorzugen Männer eher die großen Hunde. Kleine Schoßhündchen sind ihnen eher peinlich. Und wenn Männer aus dem Haus gehen, passt ihr Reisegepäck ganz locker in ihre Hosentasche oder in ihre Brusttasche. Denn sie gehen grundsätzlich nur mit Geldbeutel und eventuell noch einem Kamm aus dem Haus. Wenn er sich besonders üppig ausstatten möchte, steckt er sich noch einen Stift und einen Zettel für den Notfall mit in seine Hosentasche. Es könnte ja immerhin sein, dass er einer Frau seine Telefonnummer aufschreiben muss, weil ihm seine Visitenkarten ausgegangen sind.

Wenn man darüber nachdenkt, gibt es schon etliche Verhaltensweisen, Vorlieben oder Eigenheiten, die typisch für Frauen oder typisch für Männer sind. Einige der typisch weiblichen Charakterzüge genießen Frauen ganz besonders. Denn Frauen lachen und lästern ziemlich gerne über Männer. Für den Geschmack der Männer reden sie auch viel zu viel. Und wenn es ihre Zeit erlaubt, dann braten sie mit Freuden in der Sonne. Außerdem legen Frauen viel Wert auf das gute Benehmen ihres Mannes, um sich auf der Straße mit ihm nicht zu blamieren. Was allerdings so einige Männer beizeiten bis zur Weißglut bringen kann. Abgesehen davon tauschen Frauen gerne ihre weiblichen Tricks mit ihren Freundinnen aus. Welche sie dann bei der nächsten Gelegenheit zielstrebig an ihrem eigenen Mann ausprobieren. Warum auch nicht? Den Männern wäre es ohne die Kapriolen ihrer Frau doch viel zu langweilig.

Dennoch sind Männer, was ihre Charakterzüge angeht, auch nicht unbedingt ohne. In Gegenwart ihrer Kollegen geben sie damit an, wie gut sie im Bett sind. Sie liegen gerne auf der Couch mit einer Flasche Bier. Und wenn es um

Arbeiten im Haushalt geht, verspüren sie seltsamerweise überdimensionale Rückenschmerzen. Oder sie vergessen regelmäßig den Geburtstag ihrer Frau. Was sie dann selbstverständlich unter der Rubrik Gewohnheitsrecht ablegen. Außerdem müssen Frauen ihrem Mann jedes Wort aus der Nase ziehen, wenn sie mit ihm eine Unterhaltung führen möchten. Aber so sind nun mal die Männer. Und so sind nun mal die Frauen. Irgendwelche typischen Unterschiede zwischen Männern und Frauen muss es ja schließlich geben. Sonst gäbe es entweder nur Frauen oder nur Männer. Also warum nicht genau diese?!

2. Kapitel:
Frauen und ihre Gefühle

Die Vorteile von Frauen mit einem Mann!?

Worin liegen diese Vorteile eigentlich? Falls es überhaupt Vorteile gibt, sich als Frau mit einem Mann einzulassen.

Nun ja. Abgesehen vom Kummer darüber, dass ihr Mann fremdgeht. Vom Ärger darüber, wenn er sie ständig bei seinen Kumpels oder seinen Arbeitskollegen schlecht macht. Vom Verdruss darüber, dass er sich nicht genügend um sie kümmert. Vom üblen Gefühl, dass er wieder einmal nicht auf sie eingeht, geschweige denn ihr richtig zuhört. Mal abgesehen von der Wut, dass ihr Mann dauernd seine schlechte Laune an ihr auslässt ...! Na ja, abgesehen vom vielen Ärger, den sie in einer Partnerschaft mit Sicherheit hat, bringt es ihr wahnsinnig viel Spaß, wenn sie das Geld ihres Mannes ausgeben kann. Eine unglaubliche Genugtuung, wenn sie nach einem Streit als Siegerin hervorgeht. Die riesengroße Begeisterung darüber, dass sie jemanden hat, den sie wie ein großes Kind erziehen darf. Ebenso irrsinnig viel Freude, wenn auch sie mal ihre schlechte Laune an jemandem auslassen kann. Außerdem bringt es ihr überdimensionale Schadenfreude, wenn sie ihn wieder einmal austricksen konnte. Und schließlich auch das sagenhaft beruhigende Gefühl, dass jemand in der Nähe ist, um ihr zu schmeicheln, wenn es ihr nicht besonders gut geht. Sowie auch das erhebende Gefühl, weil sie körperlich von einem Mann begehrt wird.

Aber vor allem anderen bringt die Partnerschaft mit einem Mann den Frauen eines der schönsten Gefühle, die man überhaupt haben kann. Nämlich einen Mann in seiner Nähe zu wissen, der einen aufrichtig mag oder sogar liebt. Kurz und bündig in einem Satz beschrieben: Mit einem Mann an ihrer Seite fühlen sich Frauen nicht mehr so einsam! Wenn das niemand als Vorteil erkennen kann, gibt es wohl keine vernünftige Antwort auf diese Frage.

Warum merken es Frauen, wenn ihr Mann fremdgeht?

Weil sich Männer oftmals überschätzen, während sie gleichzeitig ihre Frauen unterschätzen. Sie machen den Fehler zu glauben, sie wären schlau genug, um ihre Frau täuschen und anschließend belügen zu können, ohne dabei von ihr ertappt zu werden. Oder sie rechnen damit, wenn sie beim Fremdgehen erwischt wurden, wird ihnen ihre Frau alles wieder verzeihen. Selbstverständlich lassen sich grundsätzlich auch Frauen finden, die ihrem Mann einen oder mehrere Seitensprünge vergeben. Aber kein Mann sollte sich automatisch darauf verlassen, dass ausgerechnet seine Frau so rücksichtsvoll reagieren wird. Männer dürfen nie die Sensibilität ihrer Frau unterschätzen. Sie bemerkt es meist sehr schnell, wenn ihr Mann sich anders benimmt, als er es üblicherweise tut. Frauen registrieren jede noch so kleine Veränderung seiner Laune, jede Änderung seiner Gestik. Sie bemerken jeden veränderten Blick oder erkennen seinen anderen Tonfall. Auch das schlechte Gewissen eines Mannes wird von seiner Frau mit Leichtigkeit durchschaut. Nachdem fast alle Männer weitaus weniger sensible Sensoren besitzen als Frauen, werden sie niemals in der Lage sein, sich eine Vorstellung davon zu machen, wie empfindlich die Sensoren einer Frau sein können. Vor allem die einer hellhörig gewordenen Frau. Für Männer ist es unmöglich, all das zu verstecken, was sie verraten könnte, nachdem sie fremdgegangen sind. Denn jede noch so kleine Abweichung in ihrem Verhalten wird sofort von ihrer Frau wahrgenommen. Falls es einer Frau tatsächlich nicht auffallen sollte, dass ihr Mann fremdgeht, ist sie entweder eine berühmte Ausnahme zur Regel oder sie „will" es nicht bemerken. Das Beste und auch das Einfachste für jede gute Beziehung ist immer noch die Einstellung: Keiner von beiden sollte fremdgehen! Falls einige Männer oder Frauen aber unbedingt fremdgehen müssen, wäre es gut, wenn sie sich dabei wenigstens nicht dumm anstellen würden. Denn bemerkt der Partner absolut nichts vom Seitensprung des anderen, kann er auch nicht enttäuscht werden.

Eifersucht bei Frauen

Frauen handeln aus Eifersucht unglaublich emotional. Dabei kann es auch vorkommen, dass sie äußerst aggressiv gegen ihren Partner vorgehen. Aber nicht etwa aus Hass, sondern lediglich aus Wut darüber, dass sie ausgerechnet einen Mann lieben, der außer ihr noch andere Frauen begehrt oder zumindest gerne mit anderen flirtet. Sie können es nicht akzeptieren, dass nur sie als Frau ihrem Mann genügen.

Wenn ein Mann in seiner Beziehung auch noch andere Frauen begehrt, kann er damit seine Frau sehr verunsichern und verletzen. Dabei ist es unwichtig, ob er sich in eine andere verliebt oder sie nur als Lustobjekt betrachtet. Ob er nur offensichtlich mit ihr flirtet oder anbandeln möchte. Die Enttäuschung über sein ungezügeltes Benehmen bleibt für seine Frau die gleiche. Das emotional enttäuschte Verhalten von Frauen schlägt manchmal auch ziemliche Kapriolen. Sicher können einige Männer über dieses Thema ein langes, unangenehmes Lied singen. Aber zum Ausgleich dafür wurden sie um einige wichtige Erfahrungen bereichert. Jedenfalls während dieser Kapriolen reagieren Frauen oftmals säuerlich bis gehässig gegenüber ihrem Mann. Dabei können sie ihn aus Wut durchaus etwas heftiger schikanieren, während über die Konkurrenz lautstark gelästert wird. Auf diese Weise möchte seine Frau der anderen im Ring in aller Deutlichkeit zeigen, dass sie keinerlei Lust verspürt, ihren Mann kampflos aufzugeben. Dauert das Flirt-Spiel eines Mannes seiner Frau zu lange oder genießt er es zu oft, wird sie ihrem Mann ein Ultimatum stellen. Entweder serviert er diese andere ab bzw. verkneift es sich, in Zukunft andauernd mit anderen Frauen zu flirten, oder er muss mit einer Bestrafung rechnen, die ihm sicherlich etwas schwer im Magen liegen wird oder etwas tiefer! Im Klartext bedeutet das: Er müsste mit Sexverbot rechnen. Und damit verhält sie sich ihm gegenüber noch gnädig, wenn man bedenkt, wie sehr er sie ihrer Meinung nach enttäuscht bzw. vor anderen blamiert hat. Im schlimmsten Fall wird sie ihn in einem Schnellverfahren abservieren. Dabei ist es im Grunde doch so einfach, das Verhalten von eifersüchtigen Frauen zu verstehen und es somit zu verhindern, selbst für unwissende Männer.

Frauen wollen in ihrer Partnerschaft die einzige Frau für ihren Mann sein. Sie kämpfen wie eine Löwin um seine Anerkennung, seine Aufmerksamkeit, seine Liebe, seine Loyalität und sogar um seine Abhängigkeit von ihnen, um ihn zu behalten. Außerdem lassen sich Frauen von ihrem liebestollen Mann nicht gerne vor anderen blamieren. Um sich dagegen zu wehren, greifen sie verständlicherweise auch tief in ihre Trickkiste. Sie ziehen sämtliche Register, um letztendlich einen Rundschlag zu plazieren, nachdem sie enttäuscht wurden. Frauen haben sehr viel Angst, ihren Mann wieder zu verlieren. Daher sind sie oftmals sehr besitzergreifend. Und das Schlimmste für sie wäre es, ihren Mann auch noch an eine jüngere, hübschere oder billigere Frau zu verlieren. In dem Fall würden sie sich nicht nur von ihrem Mann auf miese Weise abserviert fühlen, sondern ihrer Konkurrentin gegenüber unterlegen. Aus diesem Frust heraus kommt es sogar vor, dass Frauen um ihren Mann kämpfen, obwohl sie ihn schon längst nicht mehr lieben. Sie fühlen sich in ihrem Stolz verletzt, als würden sie wie eine ausgediente Matte von ihrem Mann ausrangiert werden. Und um ihr Ego wieder etwas aufzupolieren, legen sie sich mit der Konkurrenz an. Dies tun sie zwar nur, um sich und anderen zu beweisen, dass sie ihren Mann auch halten könnten, wenn sie es nur wollten, aber selbst für diesen rein sachlich durchdachten Grund legen sie sich mächtig ins Zeug, weil sie am Ende auf jeden Fall als Siegerin den Ring verlassen wollen.

Im Übrigen macht die Schadenfreude darüber, dass die dämliche Neue ihres Mannes sie nicht ausstechen konnte, den meisten Frauen so richtig Laune. Und der Spaß aufgrund dieser Genugtuung ist ihnen oftmals weitaus wichtiger als jede normale, alltägliche, langweilige Logik. Trotzdem lassen sich auch einige Ausnahmen finden, die keinerlei Eifersucht verspüren. Nämlich Frauen, die bereits sehr lange verheiratet sind und die genau wissen, dass ihr Mann grundsätzlich fremdgeht. Für sie ist das lediglich ein guter Grund, sein zügelloses Verhalten stillschweigend zu tolerieren. Oder Frauen, die sich absolut sicher sind, ihr Mann wird mit anderen Frauen niemals weiter gehen als bis zum Flirten. Ebenfalls keine Eifersucht verspüren Frauen, die ihrerseits selber gerne flirten was das Zeug hält. Deswegen stört es sie nicht im Geringsten, wenn ihr Mann das gleiche tut.

Frauen und Sex

Was das angeht, muss man betonen: Der Sex ist unter anderem auch eine faszinierende, geniale Waffe der Frauen, weil er ihre Partnerschaft überaus positiv beeinflussen kann.

Frauen nutzen Sex äußerst zielstrebig für ihre Zwecke, um damit Stimmungen zu schaffen. Er soll ihnen dabei helfen, ihr gestecktes Ziel zu erreichen. Sie setzen ihn ein, wann immer sie nur wollen. Frauen belohnen und bestrafen damit. Und wohl jeder Mann hat irgendwann einmal in seinem Leben die Erfahrung machen dürfen, mit Sex belohnt oder auch bestraft zu werden. Wobei völlig außer Frage steht, welche der beiden Erfahrungen die angenehmere war. Frauen bereitet es nun mal ein außerordentlich großes Vergnügen, den Männern mit Nachdruck so richtig einzuheizen. Und Hand aufs Herz, Männer begeistert es doch mindestens genauso sehr, wenn Frauen so richtig heiß loslegen.

Natürlich schlafen einige Frauen nur deshalb mit Männern, weil sie das Gefühl brauchen, von ihnen körperlich begehrt zu werden. Dabei ist ihnen der Sex, den sie haben, nicht wichtig, sondern nur die Tatsache, dass Männer sie im Bett begehren. Für solche Frauen wäre es eine Katastrophe, es hinnehmen zu müssen, dass kein Mann mehr sie berühren möchte. Und um sich als begehrenswerte Frau zu fühlen, testen sie mit Sex lediglich immer wieder aufs Neue ihre weibliche Anziehungskraft, ohne den Mann dabei selbst zu begehren.

Mit dieser Einstellung gibt es zwei verschiedene Frauentypen. Die einen werden von den Männern im Bett verständlicherweise als total langweilig und einfallslos empfunden, weil sie schließlich nur aus Schlafzimmer-Testgründen handeln. Folglich geben sie sich wenig Mühe, um eine überragende Begeisterung beim Mann zu erzeugen. Und das, obwohl Männer eher erwarten würden, dass ihnen im Schlafzimmer routinierte Frauen eine überzeugende Leistung bieten würden. Aber nachdem diese Frauen eben doch nur Schlafzimmertests durchführen, können sie nicht auch noch große Euphorie aufbringen für irgendwelche außergewöhnlichen Bettspielchen. Ihnen reicht die körperliche Bestätigung, dass immer noch Männer anbeißen, völlig aus. Während andere Frauen, die ebenfalls ihre Anziehungskraft bestätigt haben müssen, so fragwürdig es auch klingen mag, den Männern genau das Gegenteil bieten. Nämlich einfallsreiche Spiele sowie unvorstellbar gute schauspielerische Fähigkeiten. Außerdem verhalten sie sich im Bett wie überaus willige Sklavinnen. Kaum ein Mann merkt es ihnen an, wenn sie eigentlich keine Lust auf Bettgeflüster haben, sondern lediglich einen ihrer üblichen Tests durchführen. Jedenfalls am Anfang. Bei mehreren Treffen könnte ein Mann durchaus in der Lage sein, sie zu durchschauen. Aber wozu? Für seinen Spaß im Bett spielt es keine Rolle, ob sie nun tatsächlich Lust auf ihn hat oder nicht.

Mal abgesehen von allem anderen soll das ganz und gar nicht heißen, dass Frauen nicht auch aus Lust oder Liebe mit ihrem Mann schlafen. Nur auch dann wird der Sex eigentlich ungewollt passend eingesetzt, z. B. wenn eine Frau von ihrem Mann ein wahnsinnig schönes Geschenk erhält, hat sie automatisch irrsinnig gute Laune, um mit ihm zu schlafen. Ist sie aber genervt, selbst ohne seine Schuld daran, muss er trotzdem dafür büßen. Denn durch ihre schlechte Laune kann sie absolut keine Lust für Sex aufbringen. Ohne jede böse Absicht von ihr.

Im Übrigen lieben es viele Frauen, wenn sie ihren Mann im Bett begeistern können. Sie fühlen sich dadurch unwiderstehlich. Aber vor allem wissen sie auch eines: Wenn ihr Mann gerne mit ihnen schläft, geht er nicht fremd. Dieses Gefühl gibt ihr mehr Selbstwertgefühl. Frauen möchten ihre Beziehung immer ein wenig kontrollieren. ABER diese Kontrolle wünschen sie sich nicht automatisch aus Gemeinheit (wobei auch das gelegentlich vorkommt), sondern weil sie dadurch in der Lage sind, ein wesentlich größeres Vertrauen zu ihrem Partner aufzubauen. Und genau dieses große Vertrauen ist für ihren Mann Gold wert.

Eines möchte ich noch klarstellen: Männer denken, dass alle Frauen an den Füßchen oder sonst wo massiert werden wollen bzw. ein langes Vorspiel brauchen, um für Sex warm zu werden. Das ist so nicht ganz richtig. Bei den Frauen, die nicht mehr besonders viel Lust darauf haben, mit ihrem Mann zu schlafen, hilft auch keine Füßchen-Massage oder ähnliches mehr. Denn im Grunde denken sie etwa so: „Wenn ich jetzt schon herhalten muss, soll er lieber gleich loslegen, dann habe ich es schneller hinter mir!" Die besagte Füßchen-Massage oder eine andere hätten diese Frauen viel lieber hinterher. Sozusagen als Belohnung fürs Flachlegen lassen. Und was Frauen angeht, die im Bett noch viel Lust auf ihren Mann haben, diese brauchen nicht unbedingt ein ewig langes Vorspiel oder jedes Mal ein Vorspiel. Einige von ihnen haben es selber sehr gerne, wenn ihr Mann im Bett zur Sache kommt. Und das durchaus mal etwas öfter. Eine Massage brauchen sie höchstens dann, wenn sie Schmerzen haben oder wenn ihr Mann von sich aus Lust darauf hat, sie zu massieren. Kann ja mal vorkommen.

Frauen, die ihren Mann lieben und das Gefühl haben, dass er auch sie liebt, wünschen sich ganz allgemein Streicheleinheiten, Küsse und liebevolle Umarmungen von ihm. Das muss nicht unbedingt nur vor dem Miteinander-Schlafen sein. Dies kann er genauso gut beim Faulenzen auf der Couch tun. Frauen empfinden es überaus als angenehm, spontan und einfach nur so im Vorbeigehen, eine Umarmung von ihrem Mann zu bekommen. Weil es ihnen zeigt, dass er sie auch ohne anschließendes Bettgeflüster berühren möchte. Folglich fühlen sie sich von ihrem Mann nicht nur im Schlafzimmer begehrt. Sie genießen das Gefühl, ihm auch aus anderen Gründen wichtig zu sein. Im schönsten Fall aus Liebe. Wenn Frauen als Vorspiel massiert oder umarmt werden wollen, möchten sie damit im Grunde auch einen kleinen Beweis ihres Mannes, dass er sie gerne berührt. Dass er Rücksicht darauf nimmt, ob sie irgendwelche Vorlieben im Bett haben. Oder ob sie in dem Moment überhaupt Lust darauf haben, mit ihm zu schlafen. Wenn Männer ihrer Frau öfter mal einfach nur so auch ohne Sex Streicheleinheiten geben würden, müssten Frauen nicht unbedingt vor dem Miteinander-Schlafen darauf bestehen. Denn so wüssten sie genau, seine Zuneigungsbeweise könnten sie zu jeder anderen Zeit genießen. Für Männer würde dies bedeuten, im Bett schneller loslegen zu dürfen, so wie sie es eigentlich gerne täten.

Im Grunde sollten Männer sowieso jede Tücke, jede Sexfalle, jede Belohnung und jeden Liebesbeweis ihrer Frau zu schätzen wissen. Denn im Prinzip wollen UND erwarten Männer doch genau diese Spielchen von ihrer

Frau. Wenn Frauen ihre Reize im Bett einfallsreich zu nutzen wissen, können sie sich sehr glücklich schätzen, weil sie auf diese Weise meistens viel mehr Spaß haben als andere.

Wenn Frauen einen super Hengst haben

Eines ist noch ganz wichtig zum Thema Frauen und Sex: Hat eine Frau banal formuliert einen Partner, der gut im Bett ist, wird sie kaum damit angeben. Das kommt daher, weil andere Frauen, denen sie von ihrem super Hengst vorschwärmen würde, neidisch auf sie wären. Sie würden plötzlich den Drang verspüren, diesen Hengst doch mal selber auszuprobieren. Dies würde bedeuten, sie müsste jederzeit damit rechnen, dass die eine oder andere Konkurrentin versuchen würde, jede Gelegenheit zu nutzen, um IHREN tollen Mann herumzukriegen. Und wir alle wissen, wer in Wahrheit das schwache Geschlecht ist. Wie heißt es doch so schön: „Gelegenheit macht Diebe." Und allein schon der Gedanke daran, dass IHR Partner schwach werden könnte, weil sie so dumm war, mit seinen großartigen Schlafzimmerqualitäten anzugeben, würde jede Frau mit gutem Grund verrückt machen. So viel Dummheit könnte sie sich selber nie verzeihen. Keine halbwegs intelligente Frau würde auf die Idee kommen, anderen Frauen mit IHREM Partner den Mund wässrig zu machen, um sie förmlich damit anzustiften, ihr den Mann auszuspannen. Denn wäre ihr Partner von dieser anderen Frau mehr begeistert als von ihr, könnte sie ihn möglicherweise ganz an die andere verlieren. Logischerweise wird sie sich hüten, mit Schmeicheleien für ihren super Hengst um sich zu werfen. Es sei denn, sie ist eine der berühmten Ausnahmen zur Regel und sieht alles nicht ganz so eng.

Allerdings, im Gegensatz zur Schwärmerei über guten Sex mit ihrem Mann, reden Frauen sehr offen und ehrlich über ihr Bettgeflüster, wenn er sich ihrer Meinung nach als eine Niete im Bett entpuppt. (Sorry, aber Frauen äußern sich manchmal so über Männer.) Wobei es im Prinzip gar keine Nieten im Bett gibt. Im Schlafzimmer geht es lediglich darum, den Geschmack des Partners zu treffen. Was nichts mit Niete oder Hauptgewinn zu tun hat. Nur aufgrund ihrer negativen Äußerungen können sie sich völlig sicher sein, dass keine andere Frau auch nur den Versuch machen würde, mit ihrer Niete fremdzugehen. In Kurzform hieße das: Kein wässriger Mund – keine Gelegenheit – keine Diebe – also Mann geht nicht fremd. Das klingt doch logisch! Oder etwa nicht? Männer sollten daher von ihrer Frau lieber keinen Lobgesang über ihre großartigen Qualitäten im Schlafzimmer erwarten. Auch dann nicht, wenn sie ein super Hengst im Bett sind. Ganz im Gegenteil! Sie können stolz darauf sein, wenn ihre Frau schweigt und genießt. Viel eher müssten Männer hellhörig werden, wenn ihre Frau von ihren potenten, männlichen Qualitäten schwärmt. Weil es dann gut möglich sein kann, dass sie IHN an DIE FRAU bringen will?!

Können Frauen treu sein?

Ja! Und wenn es sein muss, sogar zu tausend Prozent. Voraussetzung hierfür ist allerdings die Tatsache, dass sie einen guten und wichtigen Grund für ihre Treue haben müssen. Von dem sie zudem noch absolut überzeugt sind. Jede Frau entscheidet es für sich selbst, aus welchem Grund sie ihrem Mann treu bleiben möchte.

An erster Stelle dieser wichtigen Gründe steht natürlich die Liebe zu ihrem Mann. Ebenfalls ein wichtiger Grund für Treue ist der persönliche Charakter einer Frau. Denn wenn sie die innere Einstellung vertritt, sich nicht einfach nur aus Spaß für jeden Mann hinzulegen, wird sie ebenfalls treu bleiben, da sie ihre Ehe oder auch feste Beziehung nicht gefährden will. Manche Frauen sind auch rein aus Prinzip treu. Sie haben die Einstellung, dass eine verheiratete oder fest gebundene Frau nicht fremdgeht. Sie würden zuerst ihre Ehe oder Beziehung beenden, bevor sie eine neue Bindung eingehen. Völlig egal, ob diese nur rein körperlich ist oder ob eine ernsthafte Partnerschaft daraus entstehen soll. Es gibt selbstverständlich auch noch Frauen, die nur wenig Interesse am Sex haben und aus diesem Grund nicht fremdgehen. In dem Fall empfindet sie ihren eigenen Mann bereits als einen Mann zu viel im Bett. Allerdings der unliebsamste und dümmste Grund für die Treue einer Frau ist wohl der, dass keine Männer mehr bei ihr anbeißen, um mit ihnen fremdzugehen. Oder der Mann, der anbeißen würde, trifft alles andere als ihren Geschmack. Wie auch immer. Frauen entscheiden sich im Allgemeinen eher zur Treue als Männer. Obwohl Frauen heutzutage mit Freuden ihre Gleichberechtigung ausleben und daher nur das tun, worauf sie gerade Lust haben. Wenn sie dann ausgerechnet die Lust verspüren, einmal fremd zu gehen, dann tun sie es. Genau wie Männer auch.

Täuschen Frauen Spaß im Bett vor?

Na logisch! Selbstverständlich nicht alle, aber manche Frauen können einfach nicht anders. Und warum auch nicht? Denn im Prinzip bringt das doch erst den eigentlichen Spaß mit sich. Oder anders gefragt: Welcher Mann möchte seine Frau immer nur als Gummipuppe im Bett erleben? Deshalb ist es den Männern doch sicherlich tausendmal lieber, wenn ihre Frau im Bett ein wenig oder auch ein wenig mehr schwindelt. Es heißt ja, 95 % der Frauen geben zu, ihren Höhepunkt nur vorzutäuschen, weil sie damit ihren Mann glücklich machen wollen. Sie geben ihm auf diese Weise das Gefühl, dass er in der Lage ist, sie sexuell zu erfreuen. Frauen, die Spaß im Bett vortäuschen, versuchen ihren Mann damit enger an sich zu binden. Sie wissen, Männer, die mit ihrer Frau im Schlafzimmer zufrieden sind, suchen sich nur selten eine Geliebte. Außerdem genießen Frauen die Komplimente ihres Mannes über ihre tollen Schlafzimmerqualitäten. Im Übrigen sind Frauen auch stolz darauf, ihren Mann im Bett begeistern zu können. Manchmal täuschen Frauen auch Spaß vor, um ihren Mann nicht zu deprimieren. Sie möchten es vermeiden, dass er es bemerkt, wenn sie sich eigentlich im Bett mit ihm langweilen. Auch, um von ihrem Mann nicht damit beleidigt zu werden, welche Niete sie für ihn im Schlafzimmer sind, täuschen Frauen großen Spaß mit ihm vor.

Jedoch bei all diesen anderen Gründen darf eines nicht vergessen werden: Bei dieser Studie geht es lediglich um 95 % der befragten Frauen. Dies bedeutet für Männer, es sind also auf jeden Fall noch genügend Frauen übrig, die ein solches Täuschungsmanöver für sich nicht in Betracht ziehen. Denn tatsächlich empfinden viele Frauen im Schlafzimmer, oder sonst wo, auch echten Spaß mit ihrem Partner. Doch selbst dann, wenn von den Frauen der Spaß im Bett nur vorgetäuscht wird was das Zeug hält, erweist sich dies als sehr gutes Zeichen für ihre Beziehung. Weil das bedeutet, sie bemühen sich damit auch um eine harmonische Partnerschaft im Schlafzimmer. Außerdem fühlt sich der Sex mit einer Frau, die lustvolle Bemühungen unternimmt, für Männer doch bei weitem wesentlich aufregender an. Demnach sollte von Männern die kleine Schwindelei ihrer Frau grundsätzlich ignoriert werden. So können sie den Spaßfaktor im Schlafzimmer auch weiterhin in vollen Zügen auskosten.

Wozu eigentlich kämpfen Frauen um einen Mann?

Rein theoretisch müsste die Frage mit „Weil sie dumm sind" beantwortet werden, da dieses Verhalten der Frauen im Grunde total überflüssig ist. Männer legen im Allgemeinen nicht den geringsten Wert darauf, dass eine Frau um sie kämpft. Ganz im Gegenteil! Deshalb haben Frauen nur in wenigen Fällen eine Chance, den Mann, um den sie kämpfen, zu erobern. Die meisten Männer wollen, wenn überhaupt gekämpft wird, lieber derjenige sein, der eine Frau erobert. Weil dadurch ihr männliches Ego aufgewertet wird. Ähnlich wie bei einer Trophäe, die sie sich erkämpfen mussten.

Wird die Beziehung von einem Mann beendet, empfindet er es sogar überaus nervend, wenn seine abgelegte Frau um ihn kämpft. Weil er eigentlich vorhatte, seine ehemalige Beziehung endgültig abzuschließen. Aus welchem Grund auch immer. Frauen, die nicht loslassen können, erreichen damit bei ihren Männern lediglich das Gegenteil von dem, was sie im Grunde damit erreichen wollten. Je mehr sie als Verflossene um ihn kämpfen, umso weniger Interesse hat er daran, zu ihr zurückzukehren. Nur Frauen wollen diese Tatsache weder glauben noch akzeptieren. Erstaunlicherweise versuchen es immer wieder welche, ihren ehemaligen Mann einzufangen. Sollte eine andere Frau im Spiel sein, kämpfen sie selbst dann noch weiter, wenn sie bereits sicher wissen, dass ihr Ehemaliger um keinen Preis zurückkommen wird. Schon allein deshalb, um damit zu erreichen, dass die „Neue" völlig entnervt wieder aus dem Leben ihres zukünftigen Ex-

Mannes verschwindet. Nur dieser Plan gelingt nicht allzu oft. Wie man es dreht oder wendet, um einen Mann zu kämpfen, völlig egal, ob er eine Neuwahl ist oder der Ex, macht für Frauen nur selten einen Sinn. Leider aber lassen sich Frauen kaum noch von ihrem Irrglauben abbringen, um einen Mann zu kämpfen, wenn sie davon überzeugt sind, dass sie das Richtige tun. Dabei könnten sie es doch sooo einfach haben. Würden sie nicht um jeden Preis aufdringlich bis unerbittlich um Männer kämpfen wollen, könnten sie sich in aller Ruhe zurücklehnen und abwarten, bis einer um sie kämpft. Zieht der Mann ihrer Wahl, ob nun die neue Männerauswahl oder der Ex-Mann, es keinesfalls in Erwägung, um sie zu kämpfen, hätten sie wenigstens keine unnötige Zeit damit verschwendet, um sich zu blamieren. Sie müssten sich nicht darüber ärgern, dass sie ihr Ziel, ihn zu erobern, nicht erreichen konnten. Im Übrigen haben selbst Frauen, die ihren Mann mit hartnäckiger Zielstrebigkeit zurückgewinnen konnten, nur selten ein Glück von Dauer. Angesichts der Tatsache, dass ihr Mann anfangs nicht selbst der Überzeugung war, zu seiner Frau zurückzukehren, stellt er meistens bald danach fest, dass dies eine Fehlentscheidung war. Für seine Frau bedeutet die neue Erkenntnis ihres Mannes, ihn ein zweites Mal zu verlieren. Und diesmal endgültig. Männer sind nun mal Jäger! Sie wollen lieber selbst jagen und nicht wie ein hoppelnder Hase von einer Frau gejagt werden.

Allerdings mit einer Ausnahme: Sind Männer auf der Jagd und möchten leichte Beute machen, sind sie überaus dankbar dafür, wenn sich ihnen ihre Auserwählte offenherzig und deutlich anbietet. Somit müssen sie nicht unnötig lange baggern, um mit ihr eine heiße Nacht verbringen zu dürfen. Grundsätzlich aber gilt die Regel: Frauen wären wesentlich besser dran, einfach mal abzuwarten, ob ein Mann anbeißt. Alles andere ist und bleibt doch nur kalter Kaffee.

3. Kapitel:
Frauen im Alltag

Geschenke an Frauen

Wenn Männer ihrer Süßen ein Geschenk machen wollen, kann dies ganz schnell in die Hose gehen bzw. auch gefährlich werden. Denn bekommt sie ein überragend schönes Geschenk, das genau ihren Geschmack trifft, gibt es zwei verschiedene Möglichkeiten, wie sie darauf reagieren könnte. Entweder sie stellt ihm daraufhin Fragen, wie: „Was hast du angestellt?" – „Hast du ein schlechtes Gewissen?" – „Hat dir eine Frau beim Aussuchen geholfen?" – „Welche Frau hat dir geholfen?", ... und das Verhör beginnt! Oder sie ist begeistert und erhofft sich beim nächsten Anlass ein mindestens genauso schönes Geschenk, wenn nicht ein noch schöneres als das vorhergehende. Weil sie glaubt, ihr aufmerksamer Partner weiß ab diesem superstarken Geschenk immer ganz genau, was sie sich wünscht. Und vor jedem neuen Geschenk steigt ihre Spannung, ob es wohl noch eine Steigerung seiner Geschenkideen geben wird. Somit werden vor Freude über sein letztes Wahnsinnsgeschenk die Erwartungen an seine weiteren Geschenke immer größer. Während ihr Mann aufgrund seiner überragenden Idee immer mehr unter dem Erfolgszwang steht, ihr jedesmal wieder ein außergewöhnlich schönes Geschenk zu präsentieren. Und wir alle wissen, dass Männer damit meistens sehr schnell überfordert sind, nachdem ziemlich viele sowieso die absoluten Geschenke-Such-Muffel sind.

Trifft sein ausgesuchtes Geschenk nicht ihren Geschmack, wird sie maßlos enttäuscht sein, weil sie annehmen muss, dass ihr Mann überhaupt keine Ahnung hat, was ihr gefällt. Und der Tag ist dann bereits gelaufen, bevor er überhaupt anfing. Bekommt eine Frau überhaupt kein Geschenk von ihrem Mann, kann es sogar möglich sein, dass er die nächsten 14 Tage vom Sex und der guten Laune seiner Frau nur träumen kann, weil er wieder mal ihren Geburtstag übersehen hat. Das bedeutet, Männer können es fast immer nur falsch machen, wenn es um die Geschenke für ihre Frauen geht. Aber fair muss fair bleiben. Frauen haben nun mal eine ganz besondere Einstellung zu den Geschenken ihrer Männer, weil ihnen die Bereitschaft zu schenken und die Geschenkauswahl ihrer Partner überaus wichtig erscheinen. Frauen haben durch diese Geschenke das Gefühl, für ihren Mann wichtig zu sein. Nicht nur zum Putzen oder ähnliches. Und nachdem nicht alle Frauen gleich sind, darf man eines nicht vergessen: Obwohl für Männer der Geburtstag ihrer Frau mit oder ohne ein Geschenk oftmals schief geht, wissen trotz allem so einige Frauen, wie viel Schwierigkeiten ihre Männer damit haben, Geschenke für sie auszuwählen. Deshalb können sie durchaus nachsichtig darauf reagieren, wenn ihr Mann ab und zu mal ihren Geburtstag oder einen ähnlichen Geschenk-Anlass verpasst. Frauen sind ebenso in der Lage, ein Geschenk, das absolut nicht ihren Geschmack trifft, zu verzeihen. Sie erkennen ihrem Partner allein schon den guten Willen an, überhaupt an ein Geschenk für sie zu denken, geschweige es auch noch selbst auszuwählen. Aber andererseits machen Männer nicht selten den Fehler zu glauben, dass ein Geschenk, das sie selbst vom Hocker reißen würde, mit Sicherheit auch ihre Frau begeistern wird. In dem Fall müssen sie wohl der Meinung sein, die Wünsche ihrer Frau stimmen mit ihren Wünschen überein. Nur leider trifft dies nicht unbedingt zu. Denn die Geschmäcker sind nun mal verschieden. Hinzu kommt noch der allgemeine Geschmacksunterschied zwischen den verschiedenen Geschlechtern. Eine Änderung, was die typisch weiblichen Wünsche einer Frau betrifft, entwickelt sich keineswegs automatisch, nur weil sie mit einem Mann zusammenlebt. Auch dann nicht, wenn beide bereits eine lange Partnerschaft führen. Sie wird immer eine Frau sein und er wird immer ein Kerl bleiben wollen.

Die sicherste und einfachste Methode für Männer, ihrer Frau ein Geschenk zu machen, ist immer noch die, ihr einfach das Geld für ein schönes Geschenk zu überreichen. Somit kann beinahe nichts mehr schiefgehen. In jedem Fall belohnen Frauen bereits den Versuch ihrer Männer, ihnen Geschenke zu machen. WIE sie das tun, bleibt Sache der Fantasie zwischen einem Mann und seiner Frau.

Versprechen an eine Frau

Jeder Mann sollte sich immer eines vor Augen halten: Wenn er seiner Frau ein Versprechen gibt, könnte dies für ihn jederzeit auch ein Eigentor werden. Denn hält er es ihr gegenüber nicht für notwendig, sein Versprechen jemals einzulösen, hat er mit Sicherheit so einige Lampen am Brennen.

Erstens wird sie sich nach zehn Jahren immer noch daran erinnern, dass er dieses Versprechen nie eingehalten hat. Zweitens wird sie ihm, bei jedem neuen Versprechen, das er ihr gibt, immer wieder das versäumte Gelöbnis von damals vorwerfen. Und drittens wird so manch eine Frau ihren Partner dafür reichlich büßen lassen, dass er so mies war, ein gegebenes Versprechen niemals einzuhalten. Frauen sind nun mal überaus sensibel. Sie empfinden die nie eingehaltenen Versprechen ihres Mannes als Werturteil bzw. Abwerturteil, das von ihm auf ihre Person bezogen wurde. Sie sind der Meinung, sie wären ihrem Mann die Einhaltung seines Versprechens nicht wert. Auch dann, wenn ihr Mann sich nichts Böses dabei denkt, eine gegebene Zusage nicht einzuhalten. Manchmal haben Männer sogar gute Gründe, um ein Versprechen nicht einzuhalten, z. B. sie haben noch nicht genügend Geld dafür. Oder sie haben es schlicht und ergreifend vergessen, dass sie ihrer Frau ein Versprechen gegeben haben. Aus diesem Grund wären Männer gut damit beraten, äußerst sparsam mit ihren Versprechungen umzugehen. Und möglichst nur dann welche zu äußern, wenn sie diese auch einhalten können. Viele Frauen werden es mit Sicherheit zu schätzen wissen, wenn ihr Mann seine Versprechen einhält.

Wie? Vermutlich werden sie, um ihrem Mann ihre Wertschätzung zu zeigen, das Nudelholz ein paar Mal weniger zur Begrüßung einsetzen.

Ist das etwa nichts? (Ein wenig Spaß muss sein.)

Frauen am Herd

Rein aus witziger Gehässigkeit würden so manche Männer sicherlich auf die Frage kommen: „Welche Frau kann heutzutage noch kochen?", aber ganz so schlimm ist es auch wieder nicht. Trotzdem! Ein Fünkchen Wahrheit ist an dieser Frage durchaus dran. Viele Frauen kochen heutzutage nicht mehr gerne. Aus diesem Grund sind sie, was ihre Kochkünste betrifft, nicht unbedingt eine genussvolle Bereicherung für den Gaumen. Oder sie haben nie so richtig lernen müssen zu kochen. Das kommt zum einen davon, dass Frauen weniger Zeit haben als früher, z. B. durch einen Vollzeitjob, Schichtarbeit usw., und zum anderen davon, dass mittlerweile viele Fertiggerichte hergestellt werden und sie daher nicht unbedingt kochen müssen, wenn sie keine Lust dazu haben. Neuerdings können auch immer mehr Männer unglaublich gut kochen. Daher treffen immer mehr Pärchen die Abmachung: „bei uns kocht ER!" Selbstverständlich leben trotz allem noch genügend Frauen auf der Welt, die mit ihrer Kochkunst jeden Gaumen überzeugen, wie z. B. berufliche Köchinnen, Hobbyköchinnen, Mütter und Ehefrauen oder auch welche, die ihren Mann oder Partner mit einem unvergesslich guten „Dinner for two" beeindrucken möchten. Jedoch unterm Strich haben immer weniger Frauen das Bedürfnis, eine perfekte Gaumenartistin zu werden. Allerdings so dramatisch wie es klingt ist es eigentlich nicht. Denn wie bereits erwähnt: Die Männer am Herd sind groß im Kommen. Da müsste es doch genügen, dass Frauen noch bügeln können.

Können Männer den Frauen überhaupt etwas recht machen?

Im Prinzip ja! Nur, Männer müssen es ihrer Frau auch recht machen wollen. Sogar dann, wenn eine Frau daran gewöhnt ist, ständig zu nörgeln, hat ihr Mann eine echte Chance, von ihr auch lobende Worte zu hören. Am leichtesten fällt es einer Frau zu loben, wenn ihr Mann für sie etwas erledigt hat, das ihr überaus wichtig war. Oder wenn er ihr damit eine Freude bereiten konnte. Auch mit einem Versprechen, das er ihr gegenüber einhält, kann er seine Frau erweichen. Eine andere Möglichkeit wäre auch, seine Frau zu fragen, womit er sie erfreuen kann. Eines ist völlig klar. Wenn Frauen nicht mehr daran gewöhnt sind, ihren Mann zu loben, kommt es mitunter vor, dass sie vergessen, wie das geht. Aber dies könnte eventuell auch daran liegen, dass ihr Mann vergessen hat, seiner Frau Hilfe anzubieten, um ihr damit zu gefallen. So manch ein Mann hat sich im Laufe der Zeit einige Unarten angewöhnt, die seiner Frau ziemlich auf die Nerven gehen. Bei ihr könnte es bereits schon Begeisterungsstürme auslösen, wenn er einfach nur die eine oder andere Unart ablegen würde. Die wirkungsvollste Methode für Männer, um ihrer Frau etwas recht zu machen, ist immer noch die, einfach nur das zu tun, was sie möchte. Somit tut er automatisch NUR das Richtige. Wobei er dieses Verhalten mit Vorsicht genießen sollte. Denn wenn ein Mann grundsätzlich immer das tut, was seine Frau will, wird sie sich sehr schnell darauf einstellen. Damit läuft er Gefahr, zu ihrem persönlichen Haustrottel zu werden. Allerdings soll es ja Männer geben, die genau diesen unteren

Rang bevorzugen. Sie fühlen sich pudelwohl dabei, ihrer Domina zu gehorchen. Mit ihrem unterwürfigen Verhalten liegen sie sicherlich ebenfalls goldrichtig. Die wenigsten Frauen würden sich wohl über einen persönlichen Diener beschweren.

Alle Männer, die eine andere Vorliebe haben als die zu gehorchen, müssen eines bedenken: Keiner der beiden Partner in einer festen Beziehung darf immer nur das tun, was der andere von ihm will. Sonst wird ER mit Sicherheit zu ihrem Waschlappen oder SIE zu seiner Dienerin. Und so funktioniert keine faire Partnerschaft. Allerdings eine herrlich aufregende Schlafzimmerbeziehung. Jedem das seine!

Zehn Gründe, warum Frauen sich nicht mehr für ihren Mann hübsch machen

Männer denken sicherlich, für Frauen kann es doch keinesfalls auch nur einen Grund geben, um sich ihrem Mann gegenüber nicht mehr hübsch zu zeigen, denn andere Männer bemerken es doch auch, wenn sie nicht mehr so gut aussieht. Und wohl kaum eine Frau, die auch nur halbwegs etwas auf sich hält, will für KEINEN Mann mehr gut aussehen. So etwas würde ihr Ego niemals zulassen. Für Frauen ist Schönheit zu besitzen doch fast das Wichtigste im Leben. Trotz allem gibt es mindestens diese zehn Gründe, ob nun gute oder schlechte, die eine Frau dazu bringen können, jede Mühe um ihr gutes Aussehen über Bord zu werfen.

Einer davon wäre, sie haben es aufgegeben, gut aussehen zu wollen, weil ihr Mann nur noch anderen Frauen hinterher schleicht. Daher glauben sie zu wissen, dass er sie nicht mehr für attraktiv hält. Aufgrund dessen werden sie immer deprimierter, was sie letztendlich dazu bewegt, keinerlei Versuche mehr zu unternehmen, um mit diesen anderen Frauen zu konkurrieren.

Oder sie denken schlicht und ergreifend, sie haben bereits ihren Mann und brauchen sich keine Mühe mehr zu geben, um gut auszusehen. Nachdem sie ja keinen mehr suchen müssen, den sie mit gutem Aussehen beeindrucken sollen, war's das mit Schönheitspflege. Dies entspricht zwar nicht gerade der feinen weiblichen Art, aber manchmal der Wahrheit.

Leider kommt es auch öfter vor als man glaubt, dass Frauen ihren Mann nicht mehr lieben und daher keinen Grund mehr sehen, sich für ihn hübsch zu machen.

Oder sie lieben ihren Mann zwar noch, wollen aber nicht mehr so oft mit ihm schlafen. Und um ihn körperlich nicht mehr zu provozieren, machen sie sich nicht mehr so hübsch wie früher.

Noch ein Grund wäre: Sie haben zugenommen und schämen sich für ihre überflüssigen Pfunde. Nachdem sie selbst mit ihrer Figur überaus unzufrieden sind, gehen sie davon aus, ihr Mann wäre ebenfalls unzufrieden. Und um seine Aufmerksamkeit von ihren griffigeren Zonen abzulenken, machen sie sich nicht mehr sehr hübsch für ihn.

Einer der schlimmsten Gründe für Frauen, sich nicht mehr schön zu machen, ist der: Sie haben nicht mehr genug Zeit dafür. Entweder durch ihren Beruf oder durch ihre Familie, eventuell sogar beides. Dies würde bedeuten, sie vernachlässigen sich keineswegs freiwillig, haben aber kaum eine andere Wahl.

Ein weiterer Grund für Frauen, ihr gutes Aussehen über Bord zu werfen, wäre: Ihr Mann hat sich gehen lassen. Folglich sehen auch sie keinen Grund mehr, auf ihr Äußeres zu achten. Ihrer Meinung nach wäre das nur noch verlorene Liebesmüh.

Ein überaus trauriger Grund für wenig Schönheitspflege der Frauen wäre der, wenn sie schlicht und ergreifend zu wenig Geld besitzen. In dem Fall haben sie keinerlei Möglichkeiten, um sich tolle Kleidung und Kosmetika zu kaufen. Somit bleibt die Schönheit automatisch auf der Strecke. Denn sie müssen ihr Geld für wichtigeres ausgeben als für ihre Schönheit.

Frauen machen sich auch dann nicht mehr gerne hübsch, wenn ihr Mann es nicht mehr honoriert, wie gut sie aussehen. Oder noch besser, wenn er es nicht einmal bemerkt, wie viel Aufwand sie für ihr gutes Aussehen in Kauf genommen haben. Mit dieser „Ignoranz" können Männer ihre Frau dermaßen enttäuschen, dass sie absolut keine Lust mehr verspüren, sich überhaupt noch zu verschönern, um dann anschließend von ihm übersehen zu werden.

Ein besonders außergewöhnlicher Grund für mangelnde Schönheitspflege könnte der sein: Einige Frauen stellen irgendwann fest, dass sie sich zu Frauen hingezogen fühlen. Daher wollen sie ihren Mann natürlich verlassen. Somit gibt es absolut keinen Grund mehr für sie, sich für ihren „Noch-Mann" hübsch zu machen.

Frauen lieben ihren Haushalt!?

Ja, wer es glaubt ...! Fakt ist: Frauen finden mindestens FÜNF gute Gründe, um ihren Haushalt tatsächlich überaus ordentlich zu führen. Nur deswegen gleich zu behaupten, sie würden ihn auch lieben, wäre maßlos übertrieben.

Zum einen kommt es vor, dass Frauen einen Mann damit beeindrucken wollen, welch tolle Hausfrau sie sind. Sie möchten ihn auf fürsorgliche, sanfte Art dazu bringen, liebend gerne ihr Ehemann zu werden. Das natürlich in einem schönen ordentlichen Zuhause. Nur ohne ihr sanftes Manöver dauert alles einfach viel zu lange, nachdem ja Männer fast ausnahmslos eine chronische Heiratsphobie haben. Zum anderen arbeiten sie ihren ganzen Ärger, der sich aufgestaut hat, beim Putzen und Aufräumen aus. Dabei ist es völlig unwichtig, ob sie den Ärger im Job mit nach Hause nehmen. Oder ob sie Ärger mit dem Partner hatten. Möglich wäre allerdings auch, dass sie aus lauter Frust über ihre Langeweile ohne Arbeit putzt. Oder aus Langeweile, weil kein Mann einen Platz in ihrem Leben ausfüllt. Und um nicht zu explodieren, wird eben der Haushalt auf Hochglanz poliert. Frauen putzen manchmal auch aus Pflichtgefühl, weil sie sich um einen Mann oder gleich eine ganze Familie kümmern müssen. Für eine anständige Frau bzw. Hausfrau gehört es sich nun mal, den Haushalt picobello zu führen. Ihre Familie soll ja schließlich nicht im Schmuddel leben müssen.

Ebenso möglich wäre es, dass sie schlicht und ergreifend einen ausgeprägten Putzfimmel hat und ihren überaus sauberen Haushalt tatsächlich liebt. Trotz allem aber finden Frauen einen ganz besonderen Grund, ihren Haushalt keinesfalls ordentlich zu führen. Nämlich den, dass sie dadurch viel Freizeit gewinnen, um sich selbst zu verwöhnen, dies allerdings sehr zum Leidwesen ihres Mannes. Wenn dieser ihr daraufhin durch die Blume erklären möchte, dass sie ihm zu schmuddelig ist, dann sollte er sich vorher gründlich überlegen, wie er es ihr schonend beibringt. Denn findet er keine Worte, die blumig genug sind, um sie damit NICHT zu beleidigen, muss er im besten Fall mit einem Streit rechnen, jedoch meistens auch mit Sexverbot.

Aber letztendlich nehmen die meisten Frauen einen guten Mittelweg. Sie erledigen einerseits ihren Haushalt ordentlich und gönnen sich andererseits auch Zeit für schöne Dinge. Viele sehen dies als die beste Lösung von allen. Aber mit „Haushalt lieben" hat das immer noch nichts zu tun. Jede Frau macht es am Ende sowieso nach ihrer eigenen Vorstellung.

Frauen und ihre Schönheit

Schönheit ist für Frauen immer ein heikles Thema. Denn für viele ist die Schönheit fast das Wichtigste im Leben. Welche Frau möchte nicht wunderschön sein? Aber auch für Männer ist das Thema Schönheit des Öfteren genauso heikel wie für Frauen. Sie sind weitaus mehr davon betroffen, als es den Anschein hat. Nur Männer werden auf eine völlig subtile Weise von diesem Thema beeinflusst. Männer, die eine Frau haben, die großen Wert auf ihr Äußeres legt, wissen wie schwer es ist, sich in Geduld zu üben, bis sie bereit dazu ist, um mit ihm aus dem Haus zu gehen. Allein schon die Zeit, die sie benötigt, um auszuwählen, welche Kleidung sie trägt. Geschweige dann noch die nötige Zeit, um ihre Haare zu frisieren sowie auch die Zeit für ein möglichst perfektes Make-up. Für Frauen ist das alles nur reine Routine, die eigentlich nichts mit Geduld zu tun hat. Abgesehen davon auch ziemlich wichtig. Während Männer fast daran verzweifeln. Und obwohl dieses weibliche Langzeit-Ritual bei Männern beinahe schon eine Wartezeit-Allergie auslösen kann, müssten sie doch eher stolz darauf sein, dass sich ihre Frau etwas mehr Zeit für ihre Schönheit nimmt. Denn im Grunde möchten Frauen doch auch für ihre Männer eine Augenweide sein. Selbstverständlich wollen sie auch sich selbst gefallen. Dennoch lieben sie es, die Blicke von Männern auf sich zu ziehen. Männliche Beachtung steigert ihr Selbstbewusstsein. Natürlich fragen sich auch manche Männer, wozu denn noch mehr Selbstbewusstsein, meine Frau ist doch schon eingebildet genug. Aber das ist eine Frage der Betrachtungsweise. Frauen brauchen nun mal das Gefühl, von Männern begehrt und von anderen

Frauen um ihr Aussehen beneidet zu werden. Davon kann doch niemand genug kriegen. Und das hat rein gar nichts mit dem Wunsch zu tun, andauernd von Männern begrabscht werden zu wollen. Oder gar damit, Lust darauf zu haben, mit anderen Frauen darüber zu streiten, welche besser aussieht. Für Frauen ist es von überragender Bedeutung, gut auszusehen, um Selbstsicherheit ausstrahlen zu können. Daher bewaffnen sie sich grundsätzlich mit Schönheitsutensilien wie Lippenstift, Eyeliner, Lidschatten, Make-up und vielleicht noch mit einer Haarbürste, wenn sie aus dem Haus gehen. Bei der Frage ihres Mannes „Bist du bald fertig, wir müssen gehen?" geraten einige der Frauen sogar in Panik. Ab dem Moment reagieren sie nur noch hektisch. Sie haben dann grundsätzlich das Gefühl, niemals hübsch genug zu sein. Deshalb sind sie rein theoretisch auch niemals fertig, um aus dem Haus zu gehen. In den Augen der vielen Frauen MUSS es immer noch eine Steigerung für ihr gutes Aussehen geben. Und gerade diese Einbildung raubt den meisten Männern den letzten Nerv. Aber ihrer Frau erscheint es eben überaus wichtig, an der Seite ihres Mannes so hübsch wie nur möglich auszusehen. Wobei sie ihr Aussehen oft auch viel zu kritisch bewerten. Denn niemand kann immer perfekt aussehen. Aber wenn nicht jedes einzelne Haar sitzt, nicht jeder Lidstrich im Detail passt oder wenn ein Fingernagel abgebrochen ist, bringt sie dies unglaublich auf die Palme. Und ihre Männer suchen, wenn sie die Möglichkeit dazu haben, schnellstens das Weite. Bis alles wieder richtig sitzt.

Durch die ständigen Berieselungen mit geschminkten Models werden Frauen immer extremer, was ihr perfektes Aussehen betrifft. Dabei lassen sie sich auch immer öfter operieren. Auch wenn das viele überhaupt nicht nötig hätten oder ihre Männer mit trockenem Humor betonen: „Das nützt auch nichts mehr". Aber letztendlich entscheidet das jede Frau zusammen mit ihrem Geldbeutel. Dennoch! Trotz allem Schönheitswahn haben es Männer weitaus leichter, was das Thema Schönheit angeht. Denn für einige ist die Sache ziemlich einfach. Sie sparen sich lieber den riesigen Zeitaufwand für gutes Aussehen, da es ihnen völlig reicht, wenn ihre Frau gut aussieht. Das ist natürlich auch eine Möglichkeit!

Haben Frauen einen Kleiderwahn?

Shoppen gehen und sich jede Menge neue Klamotten und Co. zu kaufen, ist für Frauen jedesmal ein großes Ereignis. Sie blühen förmlich darin auf, einkaufen zu gehen. Während die meisten Männer regelrecht verwelken, wenn sie nur daran denken, shoppen gehen zu müssen. Denn zum einen können sie es ganz allgemein nicht ausstehen, überhaupt shoppen zu gehen, und zum anderen stehen ihnen die Haare zu Berge bei dem Gedanken, wie viel Geld ihre Frau wohl wieder ausgeben wird. Das heißt, wenn man Männern die Frage stellen würde, ob Frauen einen Kleiderwahn haben, wäre die Antwort darauf ohne zu zögern „JA". Aber mal ganz ehrlich, Männer dürften dies eigentlich nicht ganz so eng sehen. Denn im Grunde ihres Herzens haben Frauen diesen Wahn doch unter anderem auch für sie. Frauen legen sich mächtig ins Zeug, um Männer mit ihrem Outfit und ihrem guten Aussehen zu beeindrucken. Dazu benötigen Frauen eben viel Abwechslung. Wenn Frauen shoppen gehen, müssen sich ihre Männer einfach nur vorstellen, wie viel neue Wahnsinns-Teile sie anschließend an ihrer Frau bewundern können. Aber im Allgemeinen kaufen Frauen ihre Kleidung auch für sich selbst, weil sie toll aussehen möchten, wenn sie in den Spiegel schauen. Weil sie von Zeit zu Zeit auch mal Veränderung brauchen. Frauen lieben die Abwechslung. Ganz besonders wenn es ihre Kleidung betrifft. Es erscheint ihnen sehr wichtig, modisch auf dem neuesten Stand zu bleiben. So fühlen sie sich jünger. Abgesehen davon empfinden Frauen Kleidung auch als Statussymbol. Jeder kann dadurch sehen, dass sie sich finanziell die neueste Mode leisten können. Frauen zeigen gerne, was sie zu bieten haben und wie wandlungsfähig sie sein können. Sie sind stolz darauf, von Männern beachtet zu werden. Vor allem mit begehrenden Blicken, während sie von Frauen deren neidische Blicke genießen. Jede Frau möchte nun mal hübscher sein als alle anderen. Nur von ihren Freundinnen erwarten sie eher anerkennende Blicke für ihren tollen Geschmack.

Grundsätzlich aber sehen Frauen ihre Großeinkäufe etwas anders als Männer. Denn würde man ihnen die Frage stellen, ob sie einen Kleiderwahn haben, könnten sie darauf ohne zu zögern nur mit „NEIN" antworten. Frauen, die sich, was ihre Kleidung betrifft, viel Abwechslung gönnen, haben nicht automatisch auch einen Kleiderwahn, sondern oftmals nur eine intensivere Einstellung zu ihrem guten Aussehen.

Was sollten Frauen unbedingt über Männer wissen?

Was Frauen unbedingt über Männer wissen sollten, sind die „sechs" wichtigsten Dinge zum Wohlbefinden eines Mannes. Und eventuell noch ein paar Dinge mehr. Drei wichtige Dinge zum Wohlbefinden eines Mannes sind allgemein bereits bestens bekannt. Nämlich die drei „F"! In Worten beschrieben wären dies Flaschenbier, Fernbedienung und Fi...! Nur ich bin der Meinung, um das Glück eines Mannes zu vollenden, gibt es noch drei zusätzliche „T". In Worten beschrieben sind das Tuning, Tasse Kaffee und Ti...!

Damit wären es sechs wichtige Dinge zum großen Glück eines Mannes. Wenn also Frauen diese sechs Dinge kennen, wissen sie eigentlich alles was nötig ist über ihren Mann. Aber mal Spaß beiseite. Ganz so einfach ist es leider auch wieder nicht. Das wäre zu schön, um wahr zu sein! Männer sind zwar, was ihre Beziehung angeht, sehr oft genügsam. Aber für Frauen, die ihren Mann nicht verlieren wollen, ist es noch viel wichtiger zu wissen, was er NICHT mag. Denn diese Dinge bringen in einer Beziehung die meisten Schwierigkeiten. Sie stiften Unfrieden, sorgen für schlechte Stimmung und schaffen nur Ärger. Demnach wäre es weitaus besser, darauf zu achten, was der Partner nicht mag. Selbstverständlich könnte es nie schaden, ihm seine drei „F" und seine drei „T" vor die Füße zu legen. Aber keine Frau darf sich jemals darauf verlassen, dass dies alles ist, was er zu seinem Glück braucht. Im Übrigen wären Frauen sowieso besser damit beraten, ihren Mann nicht auf Dauer zu langweilen.

Stattdessen könnten sie ab und zu etwas Pep in die Beziehung bringen, so dass seine lahmen Knochen mal wieder ein wenig in Bewegung kommen. Ein paar kleine Überraschungen zwischendurch wären auch keine schlechte Idee. Nur welche Art von Spaß für einen Mann die richtige ist, muss jede Frau für sich selbst entscheiden. Nachdem dies eine reine Geschmackssache ihres Mannes ist. Für ein wenig Spaß im Leben werden Männer ihrer Frau sicherlich genauso dankbar sein wie für ihre Flasche Bier und Co.

4. Kapitel:
Frauen im Umgang mit Geld

Frauen und ihr Taschengeld

Ohne vorher groß darüber nachdenken zu müssen, kann man eines mit Sicherheit feststellen: Das Taschengeld einer Frau kann nie hoch genug sein. Jedem Mann ist dringend davon abzuraten, an seiner Frau mehr als nötig zu sparen. Diese Regel gilt beim Taschengeld für Hausfrauen und Mütter, ebenso wie beim Taschengeld von berufstätigen Frauen. Jede Frau braucht, wenn es finanziell möglich ist, ihr eigenes Geld in der Tasche. Bei berufstätigen Frauen muss daher auf jeden Fall darauf geachtet werden, dass keinesfalls ihr ganzes Gehalt für den Haushalt eingeplant wird. Ein klein wenig Unabhängigkeit, um sich wenigstens die kleinen Wünsche zu erfüllen, sollte unbedingt erlaubt sein. Denn Frauen verstehen, was dieses Thema angeht, keinen Spaß. Zu viel Taschengeld gibt es nicht! Zu wenig nur allzu oft! Wobei es für Männer oftmals nicht besonders schwer ist, ihrer Frau zu wenig Taschengeld zu überlassen. Das kommt daher, weil Frauen meistens eine andere Auffassung haben als Männer, welcher Betrag zu niedrig sein könnte. So manche Frauen würden sogar bei einem Taschengeld von 1.500 Euro felsenfest behaupten, ihr Mann wäre geizig. Während manche gut verdienende Männer hingegen bei einem Taschengeld von 100 Euro noch von sich glauben, sie wären besonders großzügig gegenüber ihrer Frau. Männer müssen sich eines ganz besonders einprägen: Je üppiger das Taschengeld ihrer Frau ausfällt, umso glücklicher wird sie sein. Und wenn Frauen glücklich sind, verbreiten sie gute Laune. Demzufolge haben deren Männer auch wesentlich bessere Chancen auf mehr Schlafzimmerfreuden mit ihr. Somit profitieren nicht nur die Frauen vom üppigeren Taschengeld, sondern auch ihre Männer. Im Übrigen, je mehr Geld eine Frau zur Verfügung hat, umso schönere Geschenke darf sich ihr Mann an seinem Geburtstag von ihr erhoffen. Wobei Männer beim Taschengeld für ihre Frau doch sicherlich niemals auch nur einen einzigen Gedanken an ihren eigenen Vorteil verschwenden würden. Oder?

Wenn Frauen sich ihr Geld selbst verdienen

Wenn Frauen sich ihr Geld selbst verdienen, sind sie stolz darauf, es sich zu erarbeiten. Es bedeutet für sie, dass sie dazu fähig sind, ihre beruflichen Leistungen unter Beweis stellen zu können. Außerdem hat es den Vorteil, dass sie nicht ständig ihrem Mann schmeicheln müssen, nur um sich etwas kaufen zu dürfen. Uns allen ist bestens bekannt, nicht alle Männer beschreiben die Kauflust ihrer Frau mit Sätzen wie: „Ist in Ordnung! Nimm dir genug Geld, um dir das zu kaufen, was du möchtest". Natürlich haben viele Frauen auch keine andere Wahl, als sich ihr Geld selbst zu verdienen. Nachdem sie entweder geschieden sind, allein erziehende Mutter, alleine leben oder ihr Mann verdient einfach nicht genug Geld, um den Haushalt mit seinem Gehalt zu finanzieren. In jedem Fall aber haben Frauen völlig andere Prioritäten, wofür sie ihr Geld ausgeben, als Männer. Denn Frauen geben ihr Geld unter anderem lieber für Kosmetika, Kleidung, Schmuck, Schuhe, ihre Haare, zum Ausgehen und ihr Handy aus. Während Männer ihr Geld viel lieber in ihr Auto, ihr Motorrad oder ihr Werkzeug stecken. Einige davon geben auch noch Geld für Dauerkarten im Fußballstadion aus. Wenn Frauen ihr Geld in ein Auto investieren, dann sollte es ein besonderes Frauenauto sein, z. B. ein schmuckes Cabrio. Oder es muss ein Auto mit spezieller Lackierung sein, die nicht unbedingt jeder hat. Auch beim Gehalt setzen die meisten Frauen andere Prioritäten als Männer. Frauen, die einen Mann an ihrer Seite haben, sind bereits mit Teilzeitarbeit zufrieden. Denn somit können sie stolz

den Satz präsentieren: „Das habe ich mir selbst gekauft!"
Und obwohl es heutzutage manchmal nicht so aussieht,
lassen sich trotzdem noch Frauen finden, die sich ein Leben nur auf Kosten eines Mannes nicht vorstellen können. Sie sind daran gewöhnt, sich ihr Geld selbst zu verdienen, um ihren Lebensunterhalt damit zu bestreiten. Allerdings Frauen mit dieser Lebenseinstellung werden immer weniger.

Im Übrigen gibt es, was die Einstellung zum Geld angeht, grundsätzlich vier verschiedene Typen von Frauen!
Die einen genießen das Geld ihres Mannes. Die anderen
genießen das Geld ihrer reichen Eltern. Wiederum andere
genießen lieber ihr eigenes verdientes Geld. Und die vier-
te Variante sind Frauen, die beides genießen, ihr eigenes
Geld sowie das Geld ihrer Eltern oder ihres Mannes.
Wobei niemand behaupten könnte, dies wäre eine
schlechte Variante. Es kann schließlich keiner Frau schaden, ihr eigenes Geld zu besitzen und zur Sicherheit auch
noch das Geld ihres Mannes oder das ihrer Eltern.

Frauen und das Geld ihrer Männer

Den Frauen wird im Allgemeinen nachgesagt, sie könnten besser mit Geld umgehen als Männer. Daher wäre es das Beste, wenn sie die Geldangelegenheiten der Familie übernehmen würden. Schließlich müssen Frauen, die in einer Ehe oder einer Partnerschaft leben, ihr Haushaltsgeld besonders klug einteilen, um sicher zu stellen, dass es bis zum Monatsende reicht. Und wenn möglich, sollte sogar noch etwas übrig bleiben für Sonderzahlungen.

Irgendwie ist das auch richtig! ABER wehe, sie werden losgelassen! Denn mindestens genauso allgemein ist es bekannt, dass Frauen jede Chance nutzen, um sich einen Großverdiener zu angeln, dem sie durchaus auch höhere Rechnungen präsentieren können. Frauen lieben es, viel Geld auszugeben. Und der Mann, der in der Lage ist, ihnen ein Luxusleben zu ermöglichen, ist ihr König. Frauen sind absolut erstaunliche Wesen. Sie besitzen die Fähigkeit, in äußerster Sparsamkeit von fast nichts zu leben. Aber in dem Moment, in dem sie die Gelegenheit erhalten, mit Geld nur so um sich zu werfen, tun sie dies auch mit unvorstellbarem Genuss. Dabei sind sie kaum noch zu bremsen. Sie genießen es in vollen Zügen, alles zu kaufen, was sie sich nur wünschen. Mitunter auch schon mal zum Ärger ihres Mannes. Trotz allem! Eine solche Wandlungsfähigkeit und überhaupt die Fähigkeit, sich dermaßen drastisch umzustellen, findet man fast ausschließlich bei Frauen. Männer tun sich etwas schwerer damit, sich auf andere Situationen einzustellen. Natürlich lassen sich auch Frauen finden, die es nie gelernt haben zu sparen und die es auch im Laufe ihres Lebens nie mehr lernen werden. Aber im Allgemeinen können die meisten Frauen beide Fähigkeiten vorweisen. Sparsamkeit wie auch Verschwendungssucht.

Besonders selbstbewusste Frauen mit Ehrgeiz wie auch Fürsorglichkeit nutzen sogar gleichzeitig beide Fähigkeiten. Sie geben genüsslich das Geld ihres Mannes aus, während sie noch genügend Geld sparen, um ein Leben ohne finanzielle Sorgen führen zu können. Wer als Mann eine Frau mit diesen Charakterzügen an seiner Seite hat, kann sich über alle Maßen glücklich schätzen. Denn er hat es keinesfalls nötig, auch nur einen Gedanken daran zu verschwenden, dass er jemals von ihr wie eine Weihnachtsgans ausgenommen wird. Es sei denn, in seinem Leben gibt es eine teure Geliebte. Nur dann wäre er allerdings selber Schuld.

Eine Feststellung noch zum Thema Verschwendungssucht: Männer sind keineswegs davon ausgeschlossen, ebenfalls gerne viel Geld auszugeben. Auch dann nicht, wenn es das Geld ihrer Frau ist. Denn auch Männer genießen es, mit Geld nur so um sich zu werfen, wenn sie die Möglichkeit dazu haben.

5. Kapitel:
Wissenswertes über
Frauen

Wichtige Regeln für Männer im Umgang mit Frauen

Wenn Männer ein paar wichtige Regeln kennen, um mit ihrer Frau partnerschaftlich umzugehen, haben sie es wesentlich leichter, eine harmonische Beziehung zu führen. Wenn sie es dann auch noch schaffen würden, diese weitgehend zu beherrschen, wäre ihre Partnerschaft fast schon ein Kinderspiel.

Frauen handeln nicht nur logisch, sondern oftmals auch emotional. Das bedeutet, einem Mann wäre dringend davon abzuraten, seine Frau einfach nur aus Spaß mit seinen ewigen Macho-Sprüchen zu provozieren. Denn eine Frau macht aus SEINEM Spaß ziemlich schnell IHREN Ernst. Nicht jeder Witz ist für jeden gleichermaßen verständlich. Außerdem kommt es darauf an, ob seine Frau diese Macho-Sprüche rein persönlich nimmt und sich somit in irgendwelcher Weise von ihm beleidigt fühlt. Wenn also Frauen die humorvolle Provokation ihres Mannes alles andere als witzig finden, ist für ihn ziemlich schnell Schluss mit lustig. Und leider ist dann streiten angesagt. (Allerdings manchmal nicht zu Unrecht.)
Wie auch Männer möchten Frauen gerne Recht behalten. Folglich täten Männer gut daran, ihre Frau nicht nur aus Prinzip zurechtzuweisen, sondern nur dann, wenn sie TATSÄCHLICH Unrecht hat. Dafür brauchen Männer nur mal ein paar Worte mehr als üblich zu verwenden, um ihrer Frau zu erklären, warum sie dieses Mal nicht Recht hat. Wenn eine Frau ihrem Mann zuhören will, wird sie es verstehen und schließlich doch nachgeben.

Wenn sie ihm nicht zuhören will, kann ihr Mann auf Nummer sicher gehen, sich auf die Zunge beißen, alles runterschlucken und seiner Frau trotzdem Recht geben. Denn so kann für ihn absolut nichts schief gehen.

Mit Anspielungen auf ihre Problemzonen oder ihren allgemeinen Unzulänglichkeiten kann man jede Frau schwer beleidigen. Wie z. B. mit Anspielungen darüber, dass sie nicht kochen kann oder damit, ihr lautes Lachen zu kritisieren. Genauso ungerecht wäre es, ihr vorzuhalten, dass sie kein Mathematikgenie ist. Noch weitaus schlimmer empfindet es eine Frau, wenn ihr Mann sie darauf hinweist, dass sie zu wenig Oberweite vorweisen kann usw. Es wäre also eine gute Idee, wenn Männer möglichst keine dummen Witze über die Unzulänglichkeiten ihrer Frau machen würden. Diese spezielle Art von männlichem Humor kommt bei Frauen mit Sicherheit nicht gut an. Logischerweise ist es für Männer unglaublich schwer, nicht über Frauen lästern zu dürfen. Denn Frauen lästern ja auch über Männer. Aber nobody is perfect.

Männer dürfen ihre Frau zu keiner Zeit aus Jux oder Strafe eifersüchtig machen. Ein solches Manöver geht beinahe zu hundert Prozent daneben. Jede Frau, die auch nur ein wenig Stolz besitzt, lässt diese Provokation nicht auf sich sitzen. Sie wird es ihrem Mann auf irgendeine Weise büßen lassen. Entweder bringt sie ihn ebenfalls dazu, eifersüchtig zu werden, oder sie ist schwer beleidigt und es kommt zum großen Streit mit anschließendem Sexentzug. Darüber hinaus besteht auch noch die Möglichkeit, dass er von ihr im Schnellverfahren abserviert wird. Je nachdem wie oft sie bereits von ihm mit anderen Frauen provoziert wurde.

Frauen möchten durchaus mal von ihrem Mann Hilfe angeboten bekommen, statt ihn dauernd um seine Hilfe bitten zu müssen. Mit einer Ausnahme: Wenn sie ein Feldwebel- oder Domina-Typ sind. Denn ihnen liegt das Kommando-Geben im Blut. Daher befehlen sie ihrem Mann lieber mit wachsender Begeisterung, was er zu tun hat.

Vor dem Fremdgehen kann man Männer nur warnen. Diesen hochgradig explosiven Fehler verzeihen Frauen meistens nie mehr. Sie fühlen sich von ihrem Mann verraten und verkauft. Frauen können auch nur schwer nachvollziehen, warum ihr Partner unbedingt eine andere Frau im Schlafzimmer beglücken musste. Keine Frau möchte sich minderwertig fühlen. Trotzdem geben einige Frauen ihren Männern auch einen Freifahrtschein zum Fremdgehen. Nämlich dann, wenn sie selbst keine Lust mehr dazu haben, mit ihrem Mann ins Bett zu gehen. In dem Fall sind sie heilfroh darüber, dass eine andere Frau für sie diesen Part übernimmt. Oder wenn auch sie keine Kostverächterinnen sind, was andere Männer im Bett angeht. Denn somit haben sie größtes Verständnis für das Schlafzimmerverhalten ihres Mannes.

Eine kurze und bündige Regel für Männer, mit Frauen umzugehen, wäre noch Großzügigkeit! Denn geizige Männer sind allen Frauen ein Greuel. Allerdings braucht diese Regel keine weiteren Worte mehr. Dieses Thema hatten wir bereits.

Der Stolz einer Frau

Der Stolz einer Frau ist ihr höchstes Gut. Im Prinzip gibt es nur stolze Frauen. Jede einzelne besitzt für sich selbst oder sogar sichtbar für andere irgendetwas ganz Besonderes, das sie überaus stolz macht. Und tatsächlich haben alle Frauen auch ihre guten Gründe, um sich stolz zu zeigen. Einer dieser Gründe kann z. B. eine Äußerlichkeit sein wie ihre Oberweite, ihre Haare, ihr Po oder ganz allgemein ihre Figur. Selbstverständlich sind Frauen auch stolz auf ihre Begabungen wie Intelligenz, handwerkliches Geschick, künstlerische Fähigkeiten, überragende Kochkünste, fremdsprachliche Begabungen usw. Ebenso stolz sind Frauen auch auf ihre positiven Charaktereigenschaften wie Ehrlichkeit, Zielstrebigkeit, Genügsamkeit, Treue usw. Wenn sie ihren Mann lieben oder dessen Fähigkeiten respektieren, sehen Frauen dies auch als Grund, um auf ihn stolz zu sein. Was ihrer Beziehung selbstverständlich sehr zugutekommt. Abgesehen davon finden Frauen sogar Gründe, um auf ihre Haustiere stolz zu sein.

Aber zugegeben, der Stolz einer Frau kann sich beizeiten auch in eine völlig andere Richtung entwickeln. Denn einige von ihnen sind unglaublich stolz darauf, ihr Ziel durch Manipulation und ein paar kleine Intrigen zu erreichen. Frauen, die es meisterlich beherrschen, andere Menschen mal mehr, mal weniger an der Nase herumzuführen, empfinden auch diese Fähigkeit als eine ganz besondere Gabe, ob das nun den anderen gefällt oder nicht. Aber wir alle wissen auch, die Manipulation einer Frau muss nicht zwangsläufig auch einen negativen Sinn oder Zweck erfüllen. Im Prinzip ist es daher völlig unwichtig, auf welche ihrer Eigenschaften eine Frau stolz ist. Niemand sollte absichtlich ihren Stolz verletzen. Am wenigsten ihr Mann! Auch dann nicht, wenn er ihren wunden Punkt kennt. Selbst bei einem Streit wäre er besser damit beraten, darauf zu verzichten, seine Frau in ihrem Stolz zu verletzen. Ein relativ harmloses Beispiel hierfür wäre, wenn sie über eine hohe Intelligenz verfügt. Ich weiß schon, liebe Männer, wer soll das glauben? Aber trotzdem. Wenn sie über eine hohe Intelligenz verfügt, darf ihr Mann niemals den Vorwurf äußern: „Denken ist bei dir doch sowieso nur Glückssache". Oder wenn sie über hervorragende Kochkünste verfügt, wäre es ihr gegenüber nur fair, auf Beleidigungen, wie: „Meine Mutter kocht wesentlich besser als du", zu verzichten. Männer können ihre Frau bereits mit solchen noch so harmlos klingenden Beleidigungen tief treffen. Sollten sie trotz allem auf die Idee kommen, sie in ihrem Stolz verletzen zu müssen, wird sie ihm dies nur schwer wieder vergeben. In manchen Fällen kommt es sogar vor, dass Frauen aufgrund seiner ständigen Beleidigungen selbst immer wieder die Gelegenheit nutzen, um ihrem Mann seine noch so kleinen Gehässigkeiten vorzuwerfen. Während sie ihm seine Beleidigungen vorwirft, ist sie jedesmal aufs Neue genauso enttäuscht über diese Beleidigungen wie in dem Moment, als er sie geäußert hat. Für sie liegt der Vorteil ihrer Vorwürfe darin, immer mal wieder an sein schlechtes Gewissen zu appellieren. Sie erhofft sich davon, dass er seine Beleidigungen ihr gegenüber wenigstens so gut es geht einschränken wird. Wunder erwartet sie keine von ihm.

Natürlich erhofft sie sich dadurch auch, dass er ihr aus schlechtem Gewissen heraus wenigstens ab und zu mal gefühlvolle Aufmerksamkeiten überreicht, um sie wieder versöhnlich zu stimmen.

Frauen, die bellen, beißen manchmal doch

Ein absoluter Irrglaube der Männer ist, dass Frauen, die bellen (laut und keifend sind), nicht beißen. Ganz im Gegenteil! Sie können manchmal sogar äußerst bissig reagieren. Aber nicht etwa aus reiner Bösartigkeit, sondern um damit ihre Regeln festzulegen und sie zu untermauern. Einige Frauen sind der festen Meinung, dass sie mit Lautstärke und besonderer Giftigkeit mehr erreichen können als nur mit guten Argumenten. In manchen Situationen hat dieses Verhalten mit Sicherheit seine Berechtigung. Nur Männer sollten trotz des überaus starken Durchsetzungsvermögens ihrer Frau noch das Recht erhalten, ihre persönliche Ansicht vertreten zu dürfen. Doch wenn Männer der Meinung sind, ihrer Frau gegenüber klein beigeben zu müssen, nur weil sie ihre Ruhe möchten, haben sie zukünftig keine Möglichkeit mehr, ihr irgendetwas entgegenzusetzen, um sich ihr Recht zu erkämpfen. Denn mit dieser Einstellung ziehen sie ihr gegenüber automatisch immer den Kürzeren. Auch dann, wenn sie im Recht sind. Vor allem, da Frauen von diesem Moment an für sich erkannt haben, dass es sich grundsätzlich lohnt, ihren Mann laut anzubrüllen, wenn sie ihre Meinung durchsetzen wollen. Den akustisch lauteren Frauen ist es im Grunde ziemlich egal, ob sie nun ihr Recht bekommen, weil ihr Mann es nicht besonders ernst nimmt, wenn sie schreien, oder weil sie mit ihrer Lautstärke ihre Durchsetzungskraft untermauern konnten. Letztendlich wird unterm Strich immer dasselbe Ergebnis stehen: SIE haben gewonnen. Folglich hat sich das Brüllen gelohnt.

Und genau deshalb werden Frauen ihre lautstarke Waffe immer mal wieder zu ihrem Vorteil nutzen. Wobei man eines bedenken muss: Eine Frau wird sich grundsätzlich so viel Recht nehmen, wie sie bekommen kann. Lässt ihr Mann ihr freie Hand, sich ihre Rechte zu nehmen, wird sie nicht zögern, um diese in vollen Zügen zu genießen. Lässt ihr Mann sie nicht ausschließlich nach ihren Vorstellungen gewähren, wird sie dies akzeptieren und nur dann brüllen, wenn es auch gerechtfertigt ist. Frauen reagieren überaus sensibel auf die jeweilige Situation. Also Vorsicht! Manchmal beißen Frauen doch! Nur wie es aussieht, wollen das die Männer auch.

Frauen sind für Männer wie eine fremde Galaxy

Für die meisten Männer stellen Frauen des Öfteren immer noch ein großes Rätsel dar. Und genau das ist es, was Frauen auch wollen: undurchschaubar zu sein. Und ganz besonders für ihren Mann. Denn sie möchten ihn zu jeder Zeit mit etwas Neuem überraschen können. Warum das so ist, lässt sich leicht erklären. Zum einen möchten manche Frauen ihrem Mann nicht langweilig werden, zum anderen legen sie auf überraschende Weise die Regeln in ihrer Partnerschaft immer wieder aufs Neue fest. Dies selbstverständlich sehr zum Leidwesen ihres Mannes. Aber so ist nun mal der Stand der Dinge. Hinter diesem Gedanken steht die Tatsache, dass Frauen auch gerne typisch weibliche Spielchen spielen mit ihren oftmals unbeholfenen Männern. Dabei freuen sie sich maßlos darüber, wenn ihr Mann wieder einmal im Dunkeln tappt und wenn er nach all der Zeit immer noch nicht in der Lage ist zu verstehen, was sie eigentlich vorhat. Grundsätzlich wird den Frauen auch jeder Tag versüßt, an dem ihr Mann bereits zum dritten Mal auf den gleichen Trick hereinfällt, den sie anwenden, um das zu erreichen, was sie von ihm möchten. Sie genießen es, wenn er immer noch die alten Ausreden glaubt, bei denen bereits das Verfallsdatum abgelaufen ist. Oder wenn sie ihren Mann wieder einmal beim Schwindeln ertappen konnten. Denn so etwas würde Frauen natürlich nur in Ausnahmefällen passieren. Aber so unvorstellbar schwer zu verstehen, wie viele Männer annehmen, sind Frauen eigentlich nicht, FÜR ANDERE FRAUEN! Nun aber Spaß beiseite.

Männer müssen sie nur verstehen wollen! Der ganze Kniff, um Frauen zu verstehen, ist lediglich der: Auf der einen Seite möchten sie von ihrem Mann richtig verstanden werden. Und dazu bräuchte er nur etwas mehr, auf ihren Blick, ihre Gestik oder ihre Anspielungen zu achten. Jedoch anscheinend ist das genaue Beobachten ihrer Frau der schwierigste Teil für Männer. Allerdings keineswegs unmöglich! Wenn er das schafft, wäre er dazu fähig, ihr so manch einen Wunsch von den Augen abzulesen. Ich weiß! Welcher Mann will das unbedingt? Na ja, jede Frau hofft darauf, dass IHR Mann das will! Aber nun zur weiteren Erklärung. Auf der anderen Seite finden es Frauen auch herrlich, ihren Mann ein wenig an der Nase herumzuführen. Nachdem er ja meistens sowieso nicht zuhört, haben sie auch leichtes Spiel damit. Manchmal kommt es vor, dass Frauen auf völlig identische Situationen völlig verschieden reagieren. Männer denken in diesem Moment: „Wer soll die Frauen jemals verstehen können? Vor drei Tagen hat sie über meinen Witz gelacht. Heute ist sie über denselben Witz verärgert."

Das ist ebenfalls nicht schwer zu erklären. Beim ersten Mal, wenn Männer einen Witz über ihre Frau reißen, glaubt ihnen ihre Frau noch, dass es tatsächlich nur ein Witz war. Allerdings beim zweiten Mal kommt bei ihr der Verdacht auf, dass er seinen Tadel eventuell doch ernst gemeint haben könnte. Sie ist immer mehr der Überzeugung, wenn ihr Mann sich mehrmals mit dem gleichen Witz über sie lustig macht, dann kann es keinesfalls mehr Spaß gewesen sein. Und an dieser Stelle ist dann Schluss mit lustig. Denn seine Frau fühlt sich nun von ihm beleidigt. Während ihr Mann von einem anderen, völlig simplen Standpunkt ausgeht. Nämlich nachdem seine Frau schon einmal über diesen Witz gelacht hat, darf er ihn auch ein weiteres Mal wieder verwenden. Er ist davon überzeugt, auf der sicheren Seite zu sein und er würde sie damit auf keinen Fall ärgern. Dieses schnelle Umdenken der Frauen ist für Männer doch ein ziemliches Verwirrspiel. Sie gewinnen dadurch immer mehr den Eindruck, niemals herauszufinden, was Frauen eigentlich wollen. Auf Männer wirken sie damit wie eine fremde Galaxy, weit entfernt von ihrer eigenen. DENNOCH, Frauen muss man nicht unbedingt verstehen, um sie zu lieben. Aber zugegeben, es würde den Männern doch vieles leichter machen.

Was wollen Frauen eigentlich?

Das liegt doch klar und deutlich auf der Hand: Frauen wollen einfach alles! Grundsätzlich bedeutet das: Frauen wünschen sich gleichermaßen ein tolle Beziehung, ein schönes Haus oder eine schöne Wohnung und endlos viel Geld. Sie träumen ebenfalls davon, körperlich gesund und fit zu bleiben, super auszusehen mit klasse Vorbau, und das am besten noch mit siebzig. Ein Teil der Frauen stellt sich zusätzlich noch ein Familienleben mit Kindern vor. Während sich der andere Teil zusätzlich noch eine berufliche Kariere erhofft, eine zuverlässige Haushaltshilfe und einen Swimmingpool. Eventuell noch einen sexy Poolboy? Aber gut, man sollte es nicht gleich übertreiben. Der Poolboy müsste vielleicht nicht unbedingt sein. Ein wenig Genügsamkeit kann ja nicht schaden.

Aber um welche Kategorie Frau es sich auch immer handelt, sie alle wollen schlicht und ergreifend ihr Leben, das sie führen, genießen können, z. B. mit shoppen gehen, schönem Schmuck und vielleicht auch ein wenig Sex. Sollte dies alles für sie auf einmal nicht erreichbar sein, haben Frauen lediglich den Wunsch nach einer guten Beziehung, einer schönen Wohnung und ausreichend Geld, um nicht übermäßig sparen zu müssen. Aber einer ihrer größten Wünsche wäre auf jeden Fall ein Mann, der sie auch dann noch liebt, wenn sie ein wenig an Gewicht zulegen sollten. Im Grunde ist das doch ganz leicht zu verstehen. Und eigentlich auch nicht zu viel verlangt.

Frauen haben drei Devisen

Zuerst einmal: Frauen wollen von Männern auf keinen Fall enttäuscht oder schlecht behandelt werden. Und um sich davor zu schützen, halten sich viele Frauen im Leben an drei grundsätzliche Devisen.

Die erste Devise einiger Frauen wäre:
Bevor mich ein Mann enttäuscht, hintergeht oder betrügt, tue ich dies lieber mit ihm! Und wenn diese Erkenntnis erst einmal zur Devise einer enttäuschten Frau wurde, dann müssen Männer mit allem rechnen. Frauen, die nach Vorgabe einer oder mehrerer dieser Devisen leben, machen absolut keine Gefangenen mehr. Sie denken über jeden einzelnen Satz nach, den ein Mann zu ihnen sagt. Allerdings könnten jetzt böse Frauenzungen behaupten: „Da muss keine Frau viel denken. Männer reden sowieso kaum! Sie haben zuhause auch nicht viel zu sagen!" Aber wie auch immer. Frauen beobachten auch jeden Gesichtsausdruck, jede Gestik, die von ihrem männlichen Gegenüber kommt. Sie möchten dementsprechend darauf reagieren können, wenn es notwendig wird. Sollten sie dann den Verdacht haben, von ihrem Partner belogen und betrogen zu werden, sind sie in der Lage, den Spieß umzudrehen. So können sie ihn nach allen Regeln der Kunst austricksen, um ihn am Ende selbst zum Trottel zu küren. Frauen sind, wenn sie bereits des Öfteren von Männern enttäuscht wurden, auch sehr verletzlich. Ganz besonders ein Typ Frau, von der man es nie erwarten würde. Nämlich der Feldwebel-Typ. Sie versteckt sich oftmals hinter ihrem lauten Kommando-Ton, um ihre Schwäche, leicht verletzbar zu sein, nicht zu zeigen. Diese

Schwäche aber macht sie zusätzlich noch unberechenbarer als andere Frauen. Denn sie sind wesentlich schneller genervt oder auch eifersüchtiger, als andere Kategorien. Zwar trifft diese Erkenntnis nicht auf alle Kommando-Frauen zu, aber es sind nun mal nicht alle Frauen gleich. Deshalb finden wir auch etliche Feldwebel-Frauen, die überragende Stärke besitzen. Und mit genau dieser Stärke dann ihren Männern zeigen, wo es lang geht. Was ihren Männern durchaus auch mal gut tut.

Die zweite Devise einiger Frauen wäre:
Bevor ein Mann mich entsorgt, entsorge ich ihn! Wohl keine Frau möchte wie ein ausgedienter Fußabstreifer aus einer Beziehung gehen. Daher ergreifen sie, wenn sie die Möglichkeit dazu haben, als Erste die Initiative und verlassen ihren Mann. Wenn er derjenige ist, der sie verlässt, fühlen sie sich in ihrem weiblichen Stolz verletzt. Sie sind verärgert darüber, dass sie ihm nicht mehr gut genug sind. Und am schlimmsten wird ihr weiblicher Stolz verletzt, wenn ihr Mann bereits eine „Neue" hat, wenn er geht. Und sollte er, bevor er die Beziehung beendet, noch nicht bei seiner Frau ausgezogen sein, wird sie ihn mit der doppelten Portion an Kälte hinauswerfen, als ohne die andere. Denn der hochkantige Rauswurf ihres Mannes tut ihrer Seele und auch ihrer Laune so richtig gut. Falls sie diejenige ist, die gehen muss, wird sie dies selbstverständlich auf herbe Art und Weise tun. Somit verschafft sie sich wenigstens einen stolzen Abgang, der ihr den unliebsamen Abschied doch um einiges versüßt.

Die dritte Devise einiger Frauen wäre:
Nie mehr einen Mann! Allerdings müssen Frauen, die für sich eine solche Entscheidung treffen, schon übermäßig großes Pech mit ihren Beziehungen gehabt haben. Denn ohne triftigen Grund schwören Frauen allen Männern nicht so einfach ab. Dafür genießen sie es viel zu sehr, von Männern begehrt zu werden und auch ein klein wenig mit ihnen zu spielen. Aber möglich ist alles!

Warum sind Frauen wie sie sind?

Weil sie nicht anders können! Sie haben keine andere Wahl. Durch einige verwirrende Umstände, wie z. B. eine neue Beziehung, auf die sie sich einstellen müssen, oder durch die Tatsache, dass sie nun mal anders wirkende Hormone in ihrem Körper haben als Männer, sind sie dazu verdammt, sich so zu benehmen, wie sie es eben tun. Frauen reagieren oftmals albern und laut. Sie benehmen sich manchmal fordernd und zurechtweisend gegenüber ihrem Mann. Außerdem bevormunden sie ihn gerne auf mütterliche Art. Abgesehen davon sind sie des Öfteren mal schlecht gelaunt. Während sie sich zusätzlich noch schnell beleidigt fühlen, wenn etwas nicht nach ihrer Vorstellung funktioniert. Frauen genießen es außerdem mit wachsender Begeisterung, wenn sie es schaffen, ihren Mann aus der Ruhe zu bringen usw. Aber das alles bedeutet keineswegs, dass man all diese unglaublich schwierig klingenden Eigenschaften unbedingt negativ sehen muss. Ganz im Gegenteil! Das andere schwache Geschlecht (ich weiß schon, Männer glauben von sich, sie wären das starke Geschlecht) fühlt sich ausgerechnet und sonderbarerweise zu den Frauen hingezogen, die ihnen ganz besonders schwierig vorkommen. Das heißt, sie wollen die Frauen im Grunde genauso wie sie sind. Auch wenn sie diese nur selten verstehen. Da soll einer mal die Männer verstehen! Aber zurück zur Frage, warum Frauen so sind wie sie sind. Das liegt kurz und schmerzlos erklärt grundsätzlich an ihren allgemeinen Genen, am Erbgut beider Eltern, dem Hormonspiegel einer Frau, an ihrer Erziehung und an den Erfahrungen mit Männern. Der Rest ist dann nur noch eine Frage von Anstand, Charakter, den

Launen und dem IQ einer Frau. Viel mehr steckt im Prinzip nicht dahinter. Obwohl diese Faktoren absolut ausreichend sind, um Männer immer mal wieder aus der Fassung zu bringen.

Geheimnisse einer Frau

Wie auch Männer haben Frauen ebenfalls so ihre kleinen und großen Geheimnisse, welche sie oft hüten wie einen heiligen Gral. Auch wenn allgemein behauptet wird, Frauen könnten keine Geheimnisse für sich behalten, beweisen sie oftmals das Gegenteil. In bestimmten Situationen sind Frauen dazu in der Lage zu schweigen wie ein Grab. Sie lieben es sogar, geheimnisvoll zu wirken. Für eine Frau sind Geheimnisse ein Teil des Beziehungsspiels. Viele machen es zu ihrer Aufgabe, alles herauszufinden und zu wissen, was ihren Partner betrifft. Während ER nur so viel über sie erfahren darf, wie sie ihm erlaubt. Frauen sind im Allgemeinen wesentlich pfiffiger darin, ihre Geheimnisse zu hüten, als Männer. Nicht etwa, weil sie mehr Geheimnisse haben, sondern weil Männer viel zu lustlos sind, um sich dauernd damit zu befassen, ein Geheimnis bewahren zu müssen. Männer wollen auch nicht ständig darüber nachdenken, ob ihre Frau hinter ihrem Rücken steht und etwas herausfinden könnte. Frauen sind ebenfalls pfiffiger darin, die Geheimnisse ihres Partners zu lüften. Denn es erscheint ihnen überaus wichtig, alles über ihren Partner zu wissen. Dies gilt für die guten Dinge wie auch für die schlechten. Deshalb ist manchmal das Geheimnis einer Frau das entdeckte Geheimnis ihres Mannes. Oftmals aber verhält es sich so, dass Frauen die gleiche Art von Geheimnissen haben wie Männer. Das könnte der heimliche Kontakt mit dem Ex sein oder eine heimliche Beziehung mit einem anderen Mann. Eventuell haben sie auch eine Brieffreundschaft oder eine Telefonfreundschaft, von der ihr Mann nichts wissen darf. Vielleicht ist es auch etwas völlig banales, wie z. B. Geld ausgeben für die Dinge, die ihr Mann nicht wissen soll. Bei dieser Art Geheimnis möchte eine Frau verhindern, dass ihr Mann sie für verschwenderisch hält. Oder sie dafür tadelt, weil sie seiner Meinung nach Geld für überflüssige Dinge ausgegeben hat. Genauso gut wäre es möglich, dass sie einfach simple Dinge nicht erzählen will, wie z. B. offene Gespräche mit ihrer besten Freundin über die Schlafzimmerqualitäten. Vielleicht auch heimlich gerauchte Zigaretten oder peinliche Vorfälle beim Frauenabend. Manche Frauen möchten es auch lieber für sich behalten, wenn sie chirurgische Verschönerungen an ihrem Körper vornehmen ließen. Nur all diese Dinge sind alltäglich und auch Männer verheimlichen sie. Selbstverständlich sind dies noch lange nicht alle Geheimnisse, die Frauen für sich behalten würden. Aber die nicht alltäglichen, außergewöhnlichen, typischen Geheimnisse einer Frau werden hier natürlich nicht verraten. Sonst wären sie auch keine Geheimnisse mehr. Und jeder sollte schließlich so seine kleinen Geheimnisse für sich behalten dürfen. Auch Frauen! Denn sie gehören zum privaten und intimen Bereich einer Person. Allerdings die wichtigen Angelegenheiten in einer ernsthaften wie auch ehrlichen Partnerschaft müssen unbedingt offen bleiben, um eine wirklich gute Beziehung zu führen.

Frauen sind was ganz Besonderes

Wobei böse Zungen behaupten würden, Frauen sind besonders fies, besonders hinterhältig, besonders schrill, besonders unterbelichtet usw. Aber das ist reine Auslegungssache. Denn Frauen sind genauso liebevoll, anschmiegsam, tolpatschig, großzügig und ehrlich wie auch berechnend, arrogant, eiskalt, abgebrüht oder verlogen. Frauen besitzen noch viele positive und negative Eigenschaften, die alle auf die eine oder andere Frau zutreffen. Ihre Charaktere, ihre Wesenszüge sind so vielfältig und manchmal auch außergewöhnlich, wie es bei Männern nur selten vorkommt. Frauen sind, wenn man so sagen will, ganz besondere Wesen Sie sind fähig dazu, auf unvergleichliche Weise jeden zu beeindrucken. Wenn Frauen sich ein Ziel setzen und dieses auch anstreben, gibt es für sie kein Halten mehr. Sie werden so lange daran feilen, bis sie dieses Ziel erreicht haben. Frauen denken gleichermaßen logisch wie auch emotional. Diese Tatsache macht sie überlegen und manchmal auch unschlagbar in den guten wie auch in den schlechten Dingen. Sie manipulieren, intrigieren und sie pokern sehr hoch.

6. Kapitel:
Fragen über Frauen

Wie denken Frauen?

Aufgrund bereits zahlreich durchgeführter Studien wurde festgestellt, dass Frauen logischer denken als Männer. Und diese Studien wurden nicht ausschließlich von Frauen durchgeführt. Also wäre die Antwort auf die Frage, wie Frauen denken, schlicht und ergreifend: Frauen denken logisch! Nur so simpel ist es auch wieder nicht. Obwohl Frauen bei diesen Tests gegenüber den Männern im Vorteil waren, würden Männer manchmal eher das Gegenteil annehmen. Denn handelt eine Frau emotional, können Männer darin keinerlei Logik erkennen. Allerdings ist alles letztendlich nur eine Frage der Betrachtungsweise. Selbst dann, wenn Frauen emotional enttäuscht, verärgert oder sogar verbittert handeln, haben sie vorher logisch darüber nachgedacht, wie sie ihrem Mann eins auswischen können. Oder etwa nicht? Es gibt einen sehr treffenden Spruch zu der Studie über Logik: „Solange es noch schwere Bierkästen zu schleppen gibt, haben Männer durchaus noch ihre Daseinsberechtigung."

Aber nun mal Spaß beiseite. Obwohl dieser Spruch nicht übel klingt, würde ich sagen, ganz so schlecht stehen Männer auch nicht unbedingt da. Denn auch Frauen weichen durch ihre gefühlsbetonten Reaktionen öfter mal vom logischen Denken ab. Meistens auch zum Leidwesen dieser Frau selbst. Frauen denken trotz ihrer Logik in zu viele Richtungen. Jeder einzelne Fall, jede einzelne Situation wird von ihnen berechnet, um nichts dem Zufall zu überlassen. Somit denken Frauen einmal logisch und präzise und dann wieder verblüffend unüberlegt und emotional. Genau hier wäre dann die Stelle, an der Männer die Denkweise von Frauen absolut nicht mehr nachvollziehen können. Und das wiederum zur großen Freude der Frauen. Kaum eine Frau möchte für ihren Mann leicht berechenbar sein.

Wie funktionieren Frauen?

Eine Frage, die ziemlich einfach und auch kurz zu beantworten ist: Frauen funktionieren, wenn man sie mit einem Uhrwerk vergleichen würde, genau entgegengesetzt. Denn ein Uhrwerk funktioniert präzise, genau und immer gleichbleibend in einer Richtung. Mit Frauen also keinesfalls zu vergleichen.

Frauen funktionieren wie ein Chamäleon. Sie sind wandlungsfähig und können sich nach kurzer Zeit ihrer Lagepeilung auf alles einstellen, was auf sie zukommt. Im Gegensatz zu den meisten Männern. Sie möchten viel lieber alles so beibehalten, wie es ist und wie es immer war. Sie haben nicht das geringste Interesse daran, sich ständig umzustellen oder auf neue Situationen einstellen zu müssen. Frauen genießen Veränderungen. Natürlich im angenehmen Sinne. So können sie sich öfter mal ausleben und sich in ihrer Wandlungsfähigkeit beweisen. Sie können zeigen, wer sie sind oder was sie zu bieten haben. Eben wie fähig sie dazu sind, sich zu ändern. Natürlich auch ein klein wenig deswegen, weil sie ihren Mann immer wieder aufs Neue überraschen oder sogar verblüffen wollen.

Was denken Frauen über Männer?

Eigentlich nichts Weltbewegendes. Auch wenn Männer dies gerne hätten. Aber nun im Ernst. Für diese Antwort braucht es nicht allzu viele Worte.

Von Männern enttäuschte Frauen denken so etwas wie: „Männer sind alle gleich, es gibt nur dumme verlogene Proleten auf der Welt! Männer taugen doch alle nichts, da bleibe ich lieber alleine."

Verheiratete Frauen denken entweder: „Meinen habe ich mir gut erzogen", oder: „Meinen Mann werde ich mir noch so erziehen wie ich ihn möchte", oder auch: „Mein Mann wird sich niemals mehr ändern!"

Frisch verheiratete Frauen denken in etwa: „Ich bin die glücklichste Frau der Welt. Mein Mann ist der beste Mann, den ich überhaupt bekommen konnte. Mit ihm habe ich das große Los gezogen."

Verliebte Frauen denken: „Er ist mein absoluter Traummann! Diesen Mann lasse ich nie wieder los", oder: „Mein Schatz ist nicht wie die anderen Männer. Er ist was ganz Besonderes! Ihn würde ich auf der Stelle heiraten."

Sinngemäß oder sogar gezielt diese Sätze denken Frauen über Männer. Wobei es mit Sicherheit noch weitere typische Sätze gibt, die sich Frauen über Männer denken. Angenehme sowie auch andere, die keineswegs mit einem Kompliment zu verwechseln sind. Zu den bereits erwähnten Frauen gibt es auch noch Frauen, die nicht verheiratet sind, nicht verleibt sind oder die noch nicht von Männern enttäuscht wurden. Demnach fällt ihre Meinung über Männer eher neutral aus. Sie denken in etwa so: „Männer sind ganz o. k., der eine mehr, der andere weniger. Vielleicht lerne ich ja bald meinen Traummann kennen." Insgesamt haben Männer also keinen Grund, sich Gedanken darüber zu machen, dass Frauen sich nicht mehr mit ihnen einlassen würden. Im Gegenteil! Sie stehen nach wie vor, lediglich mit einigen Minuspunkten, bei den Frauen hoch im Kurs.

Wie behandelt MANN eine Frau?

Ganz einfach: Männer rutschen mit Ehrfurcht und Respekt demütig auf Knien. In dieser Position brauchen sie dann nur noch geduldig auf die Befehle ihrer Frau zu warten. Wie es sich für einen guten Mann gehört. Bevor der Befehl dann ausführt wird, muss er einfach nur mit „Ja, meine Gebieterin" antworten.

Genau das wäre es doch. Oder? Aber mal im Ernst. Wie Männer eine Frau behandeln sollen, kommt ganz auf die jeweilige Situation und den Charakter der Frau an. Nachdem Frauen sehr verschiedene Charaktere haben, gibt es kein echtes Patentrezept für alle. Aber es lassen sich durchaus gute Anhaltspunkte für Männer finden, um nicht völlig falsch zu liegen bei dem Versuch, ihre Frau partnerschaftlich zu behandeln.

Z. B. den sanften, ruhigen, schüchternen Frauen sollten Männer auf jeden Fall zuvorkommend und mit Geduld begegnen. Den lauten, krachenden Frauen dürfen Männer ruhig mal Paroli bieten (aber bitte nicht übertreiben und dabei ungerecht oder unverschämt werden). Humorvolle Frauen haben es gerne, wenn Männer über ihre Witze lachen und auch selber jeden Spaß mitmachen. Burschikose Frauen dürfen Männer ruhig mal kräftiger drücken. Und was ihre Wortwahl angeht, können sie durchaus etwas direkter auf sie zugehen (aber auch hier nicht übertreiben und taktlos werden). Bei besonders großzügigen Frauen wäre es schön, wenn Männer ihnen ebenfalls mit Großzügigkeit begegnen würden. Mit enttäuschten Frauen sollten Männer entweder eine ernsthafte Beziehung eingehen oder sie einfach in Ruhe lassen. Auf Nymphomaninnen dürfen sich Männer stürzen und jede einzelne Schlafzimmernummer mit ihr genießen (falls Männer diesen Satz ernst nehmen, dann bitte schützen). Der Rest ist eine Sache der Lernfähigkeit von Männern und dem Abwarten, was sich aus dem näheren Kennenlernen ihrer ausgewählten Frau entwickelt.

Wovor haben Frauen Panik?

Die Antwort darauf müsste eigentlich Krankheit, Schicksalsschläge oder Armut lauten. Aber machen wir uns nichts vor. Tatsache ist, fast an gleicher Stelle der Panikmacher für Frauen stehen Falten. Böse Zungen behaupten, jede Falte einer Frau hat ihren eigenen Namen. Graue Haare. Dadurch haben Tönungen und Haarfarben Hochkonjunktur. Ihre Fettpölsterchen oder die Geliebte ihres Mannes. Außerdem haben Frauen ebenfalls Panik davor, von ihrem Mann wegen einer jungen, ungebildeten, billigen Frau, im schlimmsten Fall noch mit Silikonvorbau, verlassen zu werden. Das kommt daher, weil Frauen durch die immer höher werdenden Erwartungen der Männer, was die Schönheit der Frauen angeht, ziemlich unter Schönheitsdruck stehen. Etwa durch Medien wie Fernseher, Zeitungen, Zeitschriften, Kataloge usw. Jedenfalls glauben sie, unbedingt diesem Schönheitsideal entsprechen zu müssen. Demzufolge zählen für Frauen auch solche eigentlich doch banale Faktoren zu ihren überdimensionalen Panikmachern. Jede Frau hat so ihre Prioritäten, was ihr im Leben wichtig oder unwichtig erscheint. Auch wenn Männer sich schon mal darüber lustig machen, dass Frauen einen Schönheitswahn haben. Für Frauen ist dies ein sehr ernstes Thema. Denn leider glauben Frauen ihren Männern keine Sprüche mehr wie: „Es macht mir nichts aus, wenn du etwas mehr um die Hüften hast!", oder: „Es ist mir egal, wenn du ein paar Falten hast!" Frauen sehen nun mal die Stielaugen ihrer Männer vor dem Fernseher oder auf der Straße, wenn sie anderen Frauen hinterher schauen (auch wenn sie ihrem

Mann gegenüber so tun, als würden sie es nicht bemerken). Wie auch immer! Ihre Panik vor Schönheitsfehlern und Problemzonen werden sie wohl auf jeden Fall beibehalten.

Wie lieben Frauen?

Na ja, ganz einfach: zuerst gar nicht, dann ziemlich heftig mit sehr viel Liebe für ihren Mann. Wenn sie Verdacht schöpfen, betrogen zu werden, absolut hellhörig mit Verstand. Bei Bestätigung des Verdachts lieben sie mit Wut, bis hin zur totalen Enttäuschung. Wenn eine Frau sich in einen anderen Mann verliebt hat, liebt sie ihren Mann kaum noch oder überhaupt nicht mehr. Und anschließend wird der Partner dann entweder mit eisiger Kälte entsorgt oder aus Mitleid sehr nett abserviert. Im Übrigen lieben manche Frauen sogar ausschließlich mit ihrem Verstand. Für sie ist der Mann, der am meisten ihrer Vorstellung entspricht, ihr Traummann.

Aber trotz allem lieben etliche Frauen ihren Mann ehrlich und auch ein Leben lang. Nur später nicht mehr so fixiert auf körperliche Liebe. Aber dafür lieben sie ihn mit ihrem Herzen und mit ihrer Fürsorge. Diese Frauen sind immer für ihren Mann zur Stelle, wenn er sie braucht. Liebe ist wie eine Pflanze, wenn sie nicht gehegt und gepflegt wird, verblüht sie viel zu schnell wieder. Männer, die Wert darauf legen, von ihrer Frau verwöhnt und umsorgt zu werden, sollten liebevoll und geduldig dafür sorgen, dass ihre Frau sie ein Leben lang liebt. So bleibt ihre Partnerschaft erhalten.

Warum sind Frauen manchmal zickig?

Weil sie sich mit Hilfe ihrer Zickigkeit Respekt verschaffen wollen. Wer würde schon Frauen, die immer nur lieb, sanft, ruhig und süß sind, seinen Respekt zollen? Wohl kaum jemand würde sie überhaupt ernst nehmen. Im Gegenteil: Liebe und sanfte Frauen werden gerne übergangen oder sogar regelrecht übersehen. Während hingegen den zickigen Frauen, giftigen Frauen jede Art von Beachtung geschenkt wird. Sie bekommen gleichermaßen ihr Recht und auch den Respekt der anderen. Nach deren Meinung sind sie aufgrund ihres herben Auftretens dazu fähig, sich gegen andere durchzusetzen. Einige Frauen sind lediglich aus Gewohnheit zickig. Oft ist es so, dass diese Frauen es nicht einmal bemerken, wenn sie zickig auf andere wirken. Sie selbst empfinden ihr Verhalten nicht im Geringsten als giftig. Für sie ist es völlig normal, giftig zu reagieren. Solche Reaktionen sind weder durchdacht noch so gewollt. Sie rutschen den Frauen ganz automatisch heraus. Die Zickigkeit von Frauen ist außerdem noch eine Angelegenheit ihrer Gene. Wenn in ihrer Familienchronik der weibliche Teil mit etwas rauhem, heftigem Charakter ausgestattet wurde, reagieren sie auch aus dieser vererbten Anlage heraus eher zickig. Gegen diesen Faktor können Frauen absolut nichts unternehmen. Natürlich verhalten sie sich auch rein aus schlechter Laune zickig. Allerdings haben Männer schließlich auch mal schlechte Laune. Nur bei ihnen nennt man es dann „schlecht gelaunt" oder auf bayrisch „grantig".

Jedenfalls ist die Zickigkeit bei Frauen auch eine Art Machtprobe. Wenn Frauen etwas haben oder erreichen wollen, setzen sie ihr Anliegen auf diese Weise mit Nachdruck durch. Auch wenn sie damit den Männern ziemlich auf die Nerven gehen. Frauen haben eben auch ihr Ego und noch weitaus mehr Stolz. Wenn sie von anderen ernst genommen werden, steigert dies ihr Selbstbewusstsein um ein Vielfaches. Genau wie bei Männern auch. Aber keine Sorge! Auch besonders zickige Frauen können sehr lieb und großzügig sein, wenn sie es wollen oder wenn ihr Mann es verdient hat. Spaß beiseite! Auch sie haben ihre guten Seiten.

Wie werden Frauen handzahm?

Eine Gegenfrage: Wozu sollten Männer ihre Frau eigentlich zähmen wollen? Jeder weiß doch inzwischen, wie sehr zahme Frauen ihre Männer langweilen. Handzahme Frauen wirken auf Männer ungefähr genauso heißblütig und feurig wie ein zahnloser, bequemer Tiger. Und wohl kaum eine Frau möchte als langweilig bezeichnet werden. Sehr viele Ehen oder Partnerschaften gehen sogar aufgrund genau dieser Langeweile in die Brüche. Um das irgendwie zu vermeiden, wenden viele der Frauen bei ihrem Mann die gesamte Palette ihrer Tricks an. Sie rechnen mit allem möglichen in ihrer Partnerschaft, nur nicht mit der Tatsache, von ihrem Mann aus Langeweile verlassen zu werden. Na ja, zugegeben, Frauen benutzen ihre weibliche List des Öfteren auch aus Spaß an der Freude. Aber um keine schlafenden Hunde der Langeweile zu wecken, ist ein klein wenig List und Tücke nicht die schlechteste Idee. Wenn aber die Trennung einer Partnerschaft unvermeidbar wird, möchten SIE ihren Mann verlassen und nicht umgekehrt. Folglich verhalten sie sich in den Augen etlicher Männer um einiges zu angriffslustig. Diese kommen dann auf die glorreiche Idee, einmal darüber nachzudenken, wie man Frauen wohl erfolgreich zähmen könnte. Nur ob alle Männer mit gezähmten Frauen auch tatsächlich glücklicher wären, ist äußerst fraglich! Denn sehr viele der Männer akzeptieren ihre Frau mit Freuden als die dauerhaft amtierende Regierung ihrer Partnerschaft. Also wozu denn zähmen?

Es existieren sowieso drei Kategorien von handzahmen Frauen. Eine davon würde überhaupt nie zahm werden, sondern verhält sich ihrem Mann gegenüber nur so, als hätte er sein Ziel erreicht, sie zu zähmen. Nur so hat sie ihre Beziehung besser unter Kontrolle. Sie möchte damit gravierende Fehler vermeiden. Oder ihren Mann schlicht und ergreifend einfach nur voll im Griff haben. Und jeder Otto-Normal-Mann merkt den Unterschied bei einer Frau sowieso nicht. Er hat keinerlei Möglichkeit, um zu prüfen, ob ihr Verhalten nun echt ist oder nicht. Nur wenn seine Frau es zulässt, wird er herausfinden, wie zahm sie wirklich ist. Und meistens ist das der denkbar ungeschickteste Moment ihrer Beziehung. Nämlich die Trennung. Allerdings einige Frauen sind auch ohne nach-zuhelfen handzahm, weil sie von Haus aus einen lieben, sanften und zurückhaltenden Charakter haben. Bei ihnen braucht ein Mann keinerlei Anstrengungen auf sich zu nehmen, um sie zu zähmen. Diese Frauen können gar nicht anders, als sich zahm zu verhalten.

Die andere Möglichkeit wäre, sie lässt sich aus Liebe zu ihrem Mann tatsächlich zähmen. Weil sie für ihn eine tolle Partnerin sein möchte, die er gerne in seiner Nähe weiß. Das bedeutet: Wenn eine Frau nicht schon vorher aufgrund ihres Charakters zahm war, und wenn sie nicht gerade verliebt ist oder einfach nur berechnend, dann wäre es für den Mann, der sie zähmen möchte, eine schier unlösbare Aufgabe, dies auch nur ansatzweise zu erreichen. Für andere Männer wäre es sogar eine maßlose Selbstüberschätzung zu glauben, ihre Frau auch nur einen Hauch zähmen zu können. Allerdings für diejenigen, die es trotz der etwas trostlosen Aussichten versuchen wollen, gibt es durchaus Möglichkeiten, die Zähmung ihrer Frau zu erreichen. Sie brauchen ihr einfach nur entgegen zu kommen, ohne gleich ihr Trottel zu werden. Sie sollten ihr eine echte Chance geben, um eine gute Partnerin zu sein. Sie könnten ihr zeigen, dass sie es ernst mit ihr meinen, ohne lediglich zu schleimen. Sie müssen einfach nur mal im Streit nachgeben können, wenn ihre Frau im Recht ist. Männer sollten daran denken, sie auch beizeiten etwas zu verwöhnen, ohne sich dadurch zu ihrem Sklaven zu machen. Und Männer könnten sich doch wenigstens am Anfang der Beziehung so viel für ihre Partnerin interessieren, dass sie irgendwann einmal mit Sicherheit sagen können, welche Augenfarbe sie hat, welche Kleidergröße, welche Schuhgröße usw.

Keine Frau erwartet von ihrem Mann das Wunder, sich sofort alles merken zu können. Aber nach einer gewissen Zeit müsste doch wenigstens ein kleiner Fortschritt erkennbar sein. Und jede Frau, die Charakter hat, wird das entgegenkommende Verhalten ihres Mannes sehr zu schätzen wissen. Sie wird von sich aus Herz beweisen und dadurch automatisch ein wenig handzahmer werden. Allerdings auch Männer dürfen keine Wunder erwarten. „Ein wenig handzahmer" bedeutet tatsächlich auch „ein wenig". Hat eine Frau keinen Charakter, war die Mühe einer Partnerschaft mit ihr sowieso umsonst. Aber es wird immer und überall solche und andere Charaktere geben. Auch bei Männern!

Warum sind Frauen so schnell beleidigt?

Frauen reagieren überaus empfindlich, wenn sie in irgendeiner Weise enttäuscht werden. Viele Frauen haben nicht selten auch zu Recht große Schwierigkeiten mit dem trockenen oder sexistischen Humor ihres Mannes. Zwar würden sie von ihm viel lieber tolle Komplimente hören oder nette Gesten sehen, aber bedingt durch seinen trockenen, lockeren, männlichen Humor bekommen sie eben viel mehr plumpe Sprüche zu hören. Und damit können Männer bei ihren Frauen leider nur selten punkten. Wenn Frauen ihre Problemzonen haben, möchten sie dies auf keinen Fall von ihrem Mann hören. Sie sehen sich selbst ja schließlich jeden Tag im Spiegel. Und das reicht eigentlich völlig aus, um ständig daran erinnert zu werden, worüber sie sich ziemlich ärgern. Oder wenn sie auf eine positive Reaktion ihres Mannes hoffen, er diese aber nicht geben kann oder nicht geben will, reagieren sie mit großer Enttäuschung darauf. Denn meistens haben sie sich viel Mühe gegeben, um eine positive Reaktion zu erreichen. Wenn diese dann nicht kommt, sind sie darüber ziemlich enttäuscht und geknickt. Frauen haben sowieso sehr sensible Antennen, die hinter jeden Witz über ihre Person, hinter jeder noch so kleinen Anspielung, hinter jeder Null-Bock-Reaktion eine Beleidigung sehen können. Sie glauben, ihr Mann macht solche Witze oder Anspielungen, weil er sie nicht mehr mag. Ihrer Meinung nach können seine herben Witze kein einfacher, trockener Spaß gewesen sein. Sondern sie glauben, er zeigt deshalb keinerlei freudige Reaktion, weil er sich nicht mehr für sie interessiert. Selbst dann, wenn er lediglich zu müde ist, um euphorisch darauf zu reagieren. Auch die Tatsache, dass ihr Mann von Grund auf ein ruhiger Charaktertyp ist, ändert nichts an ihrer Enttäuschung. Frauen haben trotzdem das Gefühl, irgendetwas stimmt nicht und sind deshalb schwer beleidigt. Ob nun mit oder ohne triftigen Grund. Ihren Ärger, ihre Verletzbarkeit, ihre Wut wie auch ihre Enttäuschung über den eventuell gemachten Fehler ihres Mannes zeigen sie dann, indem sie beleidigt sind. Und eine der beliebtesten Strafaktionen von Frauen ist es, kein Wort mehr mit ihrem Gegenüber zu reden. Oder sie nehmen schnellstens ihre Tasche und lassen ihn einfach stehen. Frauen, die beleidigt sind und deshalb kein Wort mehr sprechen, tun dies, weil sie ihre Wut nicht laut schreiend ausleben wollen. Und um die Situation nicht zu verschlimmern, indem sie mit ziemlich heftigen Worten um sich werfen, die ihnen später leidtun, sagen sie lieber nichts mehr oder gehen. Manche wissen vor lauter Wut auch nicht, was sie überhaupt noch sagen sollen. Darüber hinaus nutzen einige Frauen auch das „Beleidigtspielen" zu ihrem Vorteil. Denn am Ende bekommen sie genau das, was sie von Anfang an wollten. Nachdem ihr Mann ein schlechtes Gewissen hat, weil seine Frau ja schließlich von ihm beleidigt wurde, wird er sie mit einer Wiedergutmachung belohnen. Eventuell mit einem Geschenk, das sie sich aussuchen darf. Oder er unternimmt, um sie wieder milde zu stimmen, genau das, was er eigentlich nicht tun wollte.

Allerdings ist es keinesfalls eine Regel, dass Frauen immer nur „beleidigt spielen". Denn Männer sind auf ihre simple Art und Weise keine Weltmeister der Diplomatie. Und Frauen, mit ihren übersensiblen Antennen, machen es den Männern auch nicht unbedingt leicht, genau das Richtige zu tun. Somit sind kleine oder größere Missverständnisse zwischen den Männern und Frauen automatisch vorprogrammiert. Beide müssen nur ein wenig nachsichtiger miteinander sein. Niemand schafft es immer, nur das Richtige im richtigen Moment zu tun. Im Übrigen darf sich das Mitleid mit den armen, geplagten Männern durchaus in Grenzen halten. Denn nicht immer sind sie nur die unschuldigen Opfer ihrer beleidigten Frau. Manchmal oder sogar öfter wissen sie ganz genau, was sie sagen oder tun müssen, um ihre Frau auf die Palme zu bringen. Und dieses Wissen nutzen sie selbstverständlich auch für ihre heiteren Zwecke. Anschließend genießen sie mit höllischem Spaß die Frauenpower auf ihre kleine Provokation.

Möchten manche Frauen wirklich ohne einen Mann leben?

Ja! Frauen, die den Wunsch haben, alleine zu leben, gibt es tatsächlich! Aber auch sie genießen die Aufmerksamkeit von Männern. Trotz allen Vorzügen ihres Single-Haushaltes wünschen sie sich, von Männern beachtet zu werden und sind gerne mal bereit, einen Flirt zu wagen. Auch sie brauchen das Gefühl, zu jeder Zeit eine Beziehung eingehen zu können, wenn sie es nur wollen. Frauen, die sich keine dauerhafte Bindung mit einem Mann vorstellen können, haben oftmals schlechte Erfahrungen mit Männern gemacht. Entweder sie waren verheiratet und ihre Ehe hat nicht funktioniert oder sie hatten feste Beziehungen, von denen sie nur enttäuscht wurden. Auch einige Witwen entschließen sich dazu, ihr Leben ohne einen neuen Mann zu verbringen. Und einer der vielen Gründe für diese Entscheidung könnte der sein, dass sie ihrer Meinung nach mit einem Esel verheiratet waren und sie sich keinen weiteren mehr antun wollen. Auch eine Möglichkeit wäre, sie war glücklich verheiratet und ist der Meinung, nachdem sie bisher keinen Esel als Mann hatte, möchte sie auch in Zukunft keinen an ihrer Seite. Oder noch simpler, die etwas ältere Generation der freiwillig alleinlebenden Witwen genießt es, niemanden mehr bedienen, bekochen oder bedauern zu müssen. Die etwas jüngere Generation genießt es, ihre Zeit und ihr Geld für sich selbst einplanen zu können. Viele Frauen wollen auch einfach nur nach ihren eigenen Vorstellungen leben, ohne ständig Rücksicht auf eine andere Person im Haus nehmen zu müssen. Sie leben dabei genüsslich ihre Macken und Vorlieben aus.

Jedenfalls, wenn Frauen dazu entschlossen sind, alleine zu leben, wäre es durchaus im Bereich des Möglichen, doch einen Partner zu haben. Nur auf Dauer könnten sie mit ihm keinesfalls zusammenleben. Zwar wissen sie die Vorteile eines Partners zu schätzen, kennen aber weitaus mehr Nachteile einer festen Beziehung. Denn nicht alle Frauen sind darauf erpicht, wegen eines Mannes mehr Hausarbeit zu erledigen und auch noch auf ihre wohlverdienten Freiheiten zu verzichten. Während sie dann als Dank von ihm mit einer anderen Frau betrogen werden. (Aber selbstverständlich betrügen nicht alle Männer ihre Frau.) Jedenfalls entscheiden sie sich lediglich für eine lose Bindung. Seit der Emanzipation der Frau gibt es auch in Punkto feste Beziehung immer mehr Ähnlichkeiten zu den Männern.

Übrigens: Für etliche Männer macht gerade diese Lebenseinstellung einer Frau den großen Reiz an ihr aus. Denn bei ihr brauchen sie keinerlei Angst zu haben, als zukünftiger Ehemann von ihr eingefangen zu werden. ABER: Auch wenn Frauen ohne festen Bindungswunsch auf Männer überaus verlockend wirken, gibt es keineswegs die Garantie, dass ihre lose Bindung besser funktioniert als eine feste.

7. Kapitel:
Frauen in einer Partner-schaft

Wie finden Frauen einen Mann?

Im Grunde sehr einfach! Denn er findet im Allgemeinen sie. Zwar hat eine Frau den Mann ihrer Wahl bereits im Visier, bevor ER sie überhaupt auch nur angesehen hat. Aber erst nachdem er sie ebenfalls ins Visier genommen hat, kann der Flirt beginnen.

Bei den selbstbewussten Männern haben es Frauen ziemlich leicht, sie zu beeindrucken. Denn sollte ihr Favorit auch nur einen Hauch von Ablehnung in ihrer Gestik oder ihrem Blick erkennen, hat sie schon gewonnen. Durch ihre Gleichgültigkeit oder auch Ablehnung provoziert sie seinen unwahrscheinlich großen Jagdinstinkt. Und er wird sich mächtig ins Zeug legen, um ihr Interesse doch noch zu wecken. Die Frau, die es ihm schwer macht, sie zu kriegen, sieht er als eine Trophäe, die er sich unbedingt holen möchte. Selbstbewusste Männer wollen eine Frau erobern. Daher ist für diese Kategorie Mann weniger Aufmerksamkeit weitaus mehr. Bei den unsicheren Männern wird es schon etwas schwerer. Sie trauen es sich nicht zu, eine Frau einfach anzusprechen. Aus dem Grund peilen sie erst mal die „Hasen-Lage" und warten auf deutliche Signale. Bei diesen Männern kann eine Frau mit Wonne zeigen, welche weiblichen Reize sie zu bieten hat und drauf los flirten, was das Zeug hält. Selbstverständlich sollten ihre dargebotenen Reize auf jeden Fall noch im jugendfreien Rahmen bleiben. Wenn sie dann ihr Interesse an ihm deutlich genug bewiesen hat, verfügt er über genügend Sicherheit, um endlich den Mut aufzubringen, bei ihr anzubeißen. Natürlich bietet das moderne Zeitalter der Computer auch für PC-Begeisterte oder schüchterne Frauen die Möglichkeit, einen Partner zu finden. Sie suchen sich einfach per Annonce im Internet oder auch in der Zeitung ein passendes Gegenstück, ohne dabei aus dem Haus gehen zu müssen. Warum auch nicht!? Das erste vereinbarte „Date", eventuell sogar „Blind Date", bietet auch so seine gewissen Reize.

Der Unterton einer Frau

Jeder Mann, der irgendwann einmal dazu fähig ist, am Unterton seiner Frau zu erkennen, was sie ihm mit ihren Worten tatsächlich sagen möchte, wäre ein wahrer „Frauenkenner!" Besser noch, er dürfte sich als Experte auf dem Gebiet „Frauen" feiern lassen. Denn damit hätte er den Stein der Weisen für seine Partnerschaft gefunden. Für ihn müsste es durch diesen Stein ein Kinderspiel sein zu durchschauen, was Sache ist. Er wäre problemlos dazu in der Lage, genau im richtigen Moment das Richtige zu sagen oder zu tun. Wenn ein Mann das Wunder erreichen könnte, um zu erkennen, ob seine Frau mit dem Wort „ja" auch ein Ja meint oder nur ein Vielleicht bis hin zum Nein, hätte er die perfekte Formel für eine perfekte Beziehung. Er müsste seine Frau nie mehr enttäuschen. Außer er will ab und zu mal einfach nur das tun, was er selbst möchte. Dies könnte dann trotz aller Perfektion am Ende doch noch das falsche sein. Aber nobody is perfect. Allerdings, wenn er sich „Frauenkenner" nennen dürfte, würde es ihm leicht fallen, alles wieder ins rechte Licht zu rücken. LEIDER ABER haben auf den Titel „Frauenkenner" nur die wenigsten Männer einen Anspruch. Denn der größte Haken an der Sache ist, die meisten der Männer achten lediglich auf das Wesentliche und nur selten auf die Details. Zugegeben: Von Männern zu erwarten, gleichzeitig auf den Gesichtsausdruck, die Worte, die Gestik und zusätzlich noch auf den Unterton ihrer Frau zu achten, ist im Grunde doch ziemlich viel abverlangt. Schließlich sind nicht alle, ob nun Mann oder Frau, gelernte Psychologen. Aber Fakt ist nun mal auch, Männer nehmen es mit dem Zuhören meistens nicht ganz so genau. Sie hören z. B., nachdem sie ihrer Frau eine Frage gestellt haben, nur noch auf die Antwort „ja" und achten dabei nicht mehr darauf, ob sie es zögerlich ausspricht oder eindeutig betont. NUR durch ein Zögern ist sie sich in Wahrheit zwar nicht sicher, möchte aber ihren Mann mit einem „Nein" nicht beleidigen. Also antwortet sie trotzdem mit „Ja". Oder aber ihre Antwort klingt etwas genervt, in etwa wie „Ja, also gut", dann meint sie normalerweise „Nein". Nur sie hat sich durch seine Art zu fragen dazu überreden lassen, doch mit „ja" zu antworten. Hört sich ihr „Ja" traurig oder leise an, dann meint sie dies auch nicht wirklich. Vielleicht ist sie sogar darüber enttäuscht oder beleidigt, dass er überhaupt ein „Ja" von ihr erwartet hat. In dem Fall hätte sie seine Frage ebenfalls wesentlich lieber mit „nein" beantwortet. Ist doch eigentlich ganz simpel, oder?

Ich gebe zu, dass der Unterton einer Frau für ungeübte Männer, trotz aller helfenden Erklärungen, nicht unbedingt leicht zu verstehen ist. Aber mit ein wenig Übung ist es möglich, den feinen Unterschied zu erkennen. In jedem Fall aber sind diese kleinen, feinen Unterschiede die eigentlichen Details, auf die Männer achten müssen. Der Ton macht die Musik. Es ist wichtig herauszuhören, ob eine Frau standhaft ohne zu zögern „ja" sagen kann oder ob ihre Antwort eher leise, genervt, zögerlich oder traurig klingt. Ein ähnliches Schema gilt, wenn Frauen etwas von ihrem Mann erledigt haben möchten. Stellen sie ihm bestimmend die Frage: „Erledigst du das?", dann erwarten sie dies von ihm erstens unbedingt und zweitens auch möglichst sofort. Klingen ihre Worte nur fragend, dann war es auch nur als Frage gemeint. Hierbei hat ihr Mann dann tatsächlich die Wahl, mit „ja" oder „nein" zu antworten. Hören sich ihre Worte etwas verunsichert an, dann ist es ihnen fast schon unangenehm, ihren Mann um die Erledigung bitten zu müssen. Manchmal tut es den Frauen sogar leid, ihrem Mann eine Erledigung aufzubürden

Ich bin mir nicht sicher, ob es jemals Männer geben wird, die es schaffen, den Unterton ihrer Frau grundsätzlich richtig einzuschätzen. Aber es würde sich mit Sicherheit für sie lohnen, es zu versuchen. Wer weiß, für was es irgendwann einmal gut sein kann.

Können Frauen den Männern Fehler verzeihen?

Im Grunde ja. Denn Frauen sind, was die Fehler ihres Mannes angeht, mitunter sehr großzügig. Sie wissen insgeheim ganz genau, Fehler macht doch jeder einmal! Es kommt lediglich darauf an, welche Fehler und wie verärgert sie über diesen Fehler sind. Außerdem sind Männer, die einen kleinen Fehler begangen haben, ihrer Frau gegenüber überaus zuvorkommend. Da sie ja schließlich ihr gegenüber ein schlechtes Gewissen haben. Aber das ist ein anderes Thema.

Jedenfalls ein paar ziemlich schwere Fehler von Männern sind z. B. das Über-Nacht-Wegbleiben, ohne ihre Frau darüber zu informieren, dass sie bei einem Freund übernachten. Denn ohne eine Benachrichtigung, dass alles in Ordnung ist, könnte ihre Frau bildlich gesprochen möglicherweise vor Sorge tausend Tode sterben. Während er sich die ganze Nacht lang nur vergnügt. Ein Mann sollte seiner Frau auch niemals Vorschriften darüber machen, was sie seiner Meinung nach zu tun oder zu lassen hat, da sie einige Dinge in ihrem Leben berechtigterweise für sich selbst entscheiden möchte. Ebenfalls dumm wäre es, eine Raucherin dazu zu zwingen, das Rauchen aufzugeben. Denn diese Entscheidung kann nur sie selber treffen. Hat sie keinen eigenen Elan, damit aufzuhören, raucht sie eben heimlich. Also, keinen unnötigen Druck ausüben. Es bringt sowieso nichts. Ein Mann wäre auch damit gut beraten, nicht ständig mit anderen Frauen zu flirten, wenn er weiß, dass seine Frau eifersüchtig reagieren wird. Außerdem wollen viele Frauen nicht andauernd alleine gelassen werden, sondern wenigstens ab und zu mal ein wenig Zeit mit ihrem Mann verbringen. Schließlich bereitet es ihnen höllischen Spaß, ihren Mann zu ärgern. Nur dazu muss er auch anwesend sein können. Spaß beiseite!

Aber all das, was von mir beschrieben wurde, sind Fehler, die Frauen ihrem Mann auf jeden Fall noch verzeihen können. Dennoch gibt es einen gravierenden, unverzeihlichen Fehler, den Männer, trotz allem Übel, immer wieder aufs Neue begehen: Sie gehen fremd! Er ist der schwerste von allen. Er verletzt die Frauen sehr tief, macht sie wütend und lässt sie maßlos enttäuscht darauf reagieren. Dieser Fehler wird den Männern nur selten verziehen. Frauen, die ihrem Mann seine Seitensprünge wieder verzeihen können, haben entweder selbst schon einen Seitensprung begangen oder sie sind froh darüber, dass eine andere ihren Schlafzimmerpart übernimmt. Noch ein Grund für Frauen, ihrem Mann das Fremdgehen zu vergeben, wäre die Tatsache, dass sie es eher ertragen können, wenn ihr Mann mit anderen Frauen schläft, als ihn ganz zu verlieren. Diese Frauen verzeihen ihm seine Seitensprünge zwar mit ihrem Verstand, aber niemals mit ihrem Herzen. Sei es wie es will. Frauen können sehr wohl Fehler verzeihen. Denn auch sie selbst sind nicht fehlerfrei!

Frauen als Gegner im Streit

Das ist eine hochexplosive Angelegenheit. Denn im Streiten sind Frauen absolut unschlagbar. Männer sollten sich nie mit ihnen anlegen, da sie normalerweise nicht einmal den Hauch einer Chance haben, den Streit zu gewinnen. Aber nicht etwa, weil sie dümmer oder schwächer sind als Frauen, sondern weil sie einerseits keine Lust darauf haben, sich zu streiten und andererseits wesentlich weniger reden wollen als Frauen. Folglich haben also Frauen weitaus bessere Voraussetzungen und somit leichtes Spiel, ihre Auseinandersetzungen für sich zu entscheiden. Im Gegensatz zu den Männern werfen sie liebend gerne mit Worten um sich. Außerdem sind sie im Streit auch wesentlich kampfbereiter. Im Übrigen geben Frauen, wenn sie bemerken, dass ihr Mann sich beim Streiten bereits dreht und windet, keinesfalls mehr nach. Ganz im Gegenteil! Sie sind dazu fähig, noch einen drauf zu legen, um zu siegen. Frauen sind im Allgemeinen sowieso um einiges redegewandter als Männer. Und nachdem sie sich dessen vollkommen bewusst sind, haben sie für einen Streit auch die um ein Vielfaches höhere Motivation. Zudem halten Frauen einen Streit unglaublich lange durch. Darüber hinaus dürfen Männer einen wichtigen Grund, der sie dringend davon abhalten sollte, sich nie mit ihrer Frau anzulegen, nicht unterschätzen. Nämlich den, dass sie am Ende den Ring immer als Verlierer verlassen. Egal ob sie tatsächlich verloren haben oder sogar gegen die allgemeine Regel mal gegen ihre Frau gewinnen konnten. DENN, Männer werden nach dem Streit auf jeden Fall von ihrer Frau bestraft. Und zwar mit Ignoranz und wie schon so oft mit Liebesverbot. Frauen haben nach einem Streit (die einen längere Zeit, die anderen kürzere Zeit) absolut keine Lust mehr darauf, sich nackt und hemmungslos mit ihrem Mann in die Federn zu stürzen. Also sind Männer am Ende doch die Verlierer. Aber kommt Zeit und eine angemessene Entschuldigung, kommt bekanntlich auch wieder die Lust der Frau!

Das Vertrauen einer Frau zu ihrem Mann

Das klingt doch tatsächlich gut. Aber sagen wir es mal so: Vertrauen ist gut – Kontrolle ist besser. Wobei es natürlich auch nicht immer berechtigt ist, dass Frauen ihrem Mann ständig hinterher schleichen. Denn Männer hassen es, von ihrer Frau kontrolliert zu werden. Allerdings, eine Frau wäre keine Frau, wenn sie nicht genau wüsste, wie sie Kontrolle ausüben kann, ohne dass ihr Mann dies bemerkt.

Aber nun zurück zum Thema. Das Vertrauen seiner Frau zu bekommen, ist für einen Mann zwar möglich, aber er erhält es keineswegs automatisch von ihr. Und es bleibt auch nicht unbedingt auf Dauer bestehen. Jede Frau ist durchaus in der Lage, ihrem Mann zu vertrauen. Allerdings muss er es sich erst verdienen. Und erreichen kann er dies, indem seine Frau sich grundsätzlich auf ihn verlassen kann. Nach einer Weile hat er so ihr Vertrauen gewonnen. Aber wenn er dieses gegebene Vertrauen auch nur einmal enttäuscht, wird sie ihm entweder niemals mehr unbesehen glauben oder sie wird ihm verzeihen und gibt ihm eine zweite Chance. Nur diese Chance ist dann seine letzte. Sie wird, bis sie das Gefühl hat, ihm wieder vertrauen zu können, sehr misstrauisch und hellhörig bleiben. Jeder Mann kann sicher sein: Wenn seine Frau einmal misstrauisch wurde, hat er kaum noch die Möglichkeit, sie noch einmal zu hintergehen, ohne dass sie dies bemerkt. Früher oder später durchschaut sie ihn doch (wohl eher früher). Wenn er dann Glück hat, bleibt sie trotzdem bei ihm. Allerdings ohne die geringste Vertrauensbasis. Wenn er kein Glück hat, wird sie ihm den Laufpass geben. Das Vertrauen zu ihrem Mann ist für jede Frau mit das Wichtigste in der Beziehung. Durch Vertrauen leben Frauen nicht ständig mit der inneren Unsicherheit, ihn zu verlieren oder von ihm verraten und verkauft zu werden. Keine Frau erwartet von ihrem Mann das Wunder, nie einen Fehler zu begehen. Jedoch sollte er seine Fehlerquote so gering wie nur möglich halten können.

Frauen und die Unarten der Männer

Was das angeht, sind die meisten Frauen wahre Diploma-
ten oder sogar wahre Engel. Denn die meisten Unarten
der Männer werden von ihrer Frau absichtlich übersehen.
Zumindest am Anfang ihrer Beziehung oder ihrer Ehe.
Eben solange sie noch eine rosarote Brille tragen. In
manchen Fällen übersehen sie die Unarten ihres Mannes
auch ein Leben lang. Oder sollte man sagen, Frauen
übergehen sie, weil sie wissen, dass niemand perfekt
sein kann? Wenn es dann auch noch um Männer geht,
erwarten Frauen erst recht keine Perfektion. Und schon
gar nicht, wenn es um das Thema Beziehung und männliche Freiheiten geht. Aber nicht, weil sie Männer damit
beleidigen wollen, sondern weil sie wissen, dass es typisch
männliche Unarten gibt, die ihnen schon fast mit in die
Wiege gelegt wurden. Diese ihrem Mann jemals abzuge-
wöhnen, wäre eine Lebensaufgabe. Aufgrund dieser Tatsache versuchen es Frauen erst gar nicht. Sie kommentie-
ren die unliebsamen Unarten dann nur mit Sätzen wie:
„Er ist eben ein Mann", „typisch Mann" oder „Männer
sind nun mal so". Sie nehmen ihren Mann samt seinen
Unarten einfach so wie er ist – manchmal ziemlich ge-
dankenlos und abwesend. Aus dieser Gedankenlosigkeit
lassen Männer auch gerne ihre Wäsche herumliegen. Und
zwar nicht nur saubere. Sie lassen den Toilettendeckel offen und wechseln nur in Ausnahmefällen die Papierrolle
aus. Zahnpastatuben bleiben bei Männern oftmals unver-
schlossen. Zeitschriften und Zeitungen liegen in der
Wohnung herum. Wenn es um Hausarbeit geht, sind in
den Augen vieler Männer die Frauen dafür zuständig.

Auch dann, wenn ihre Frau ebenfalls berufstätig ist. Ganz nach dem Motto „Wofür gibt es schließlich Frauen?". Beim Thema Rasur muss so manch eine Frau ihren Mann danach fragen, ob er gerade Streit mit seinem Rasierer hat. Ebenfalls eine typisch männliche Angewohnheit ist die Tatsache, dass Männer nicht immer zuhause anrufen, wenn sie Überstunden machen müssen. Sie verschwenden keinen für sie überflüssigen Gedanken daran, dass ihre Frau sich aufgrund ihrer Verspätung um sie Sorgen machen könnte ...!

Männer sollten immer daran denken, ihre Unarten nicht zu übertreiben. Auch dann, wenn sie von ihrer Frau für lange Zeit übersehen werden. Denn es könnte durchaus passieren, dass es dieser irgendwann einmal auf den Senkel geht, alle männlichen Unarten zu übersehen. Spätestens an dieser Stelle wäre ein wenig Rücksicht angebracht. Wobei von keinem Mann gleich eine Dreihundertsechzig-Grad-Drehung erwartet wird. Sie sind eben Männer. Abgesehen davon haben auch Frauen ihre Unarten.

Warum wollen Frauen die Oberhand in ihrer Beziehung?

Weil in der heutigen Zeit moderne Frauen ihren Stolz noch offener präsentieren dürfen als früher. Sie können nichts mehr mit der alten Lebenseinstellung anfangen, dass ein Mann der Herr im Haus ist. Durch den Wandel der Zeit kommt es sogar vor, dass Frauen nicht nur die Oberhand in ihrer Beziehung haben, sondern sogar SIE die Herrin im Haus sind. Frauen möchten nicht nur die Dienerin ihres Mannes darstellen, so wie es früher üblich war. Daher nutzen sie gerne die Gelegenheit, sich in der Rangordnung über ihren Mann zu stellen. In der heutigen Zeit wissen Frauen, dass sehr viel Leistung von ihnen erwartet wird. Sie sollen den Haushalt erledigen, zusätzlich noch berufstätig sein, das gesamte Familienleben organisieren und die Kinder erziehen. Aus dem Grund möchten sie auch eine dementsprechende Anerkennung ihres Mannes. Unter Anerkennung verstehen sie keineswegs, dass ihr Mann nach Hause kommt und den Boss darstellt. Sie können dankend darauf verzichten, dafür zurechtgewiesen zu werden, weil sie eine Kleinigkeit vergessen haben. Kaum eine Frau will ständig von ihrem Mann bevormundet oder als dumm hingestellt werden. Nachdem Frauen genau wissen, dass auch sie Rechte innerhalb ihrer Beziehung haben, nehmen sie es nur noch selten hin, wenn ihr Partner sie herumkommandieren möchte. Demnach legen sie sich mächtig ins Zeug, um dies zu verhindern. Je mehr sie ihrem Partner die Zähne zeigen, desto mehr gewinnen sie die Oberhand. Zugegeben, viele Frauen genießen es auch ein wenig, wenn sie ihren Partner dazu bringen können, ihnen gegenüber klein beizugeben. Sie zeigen ihm dann mit Nachdruck, wo es lang geht. Und sie fühlen sich großartig dabei, ihren Mann zu beherrschen. Den Frauen ist es tausend Mal lieber, wenn sie ihren Mann beherrschen, als dass er sie beherrscht. Für starke Frauen wäre diese Situation absolut inakzeptabel.

Aber selbst dann, wenn Frauen sich die Oberhand in ihrer Beziehung unter den Nagel gerissen haben, bedeutet das für deren Männer noch lange nichts Schlechtes. Es muss nicht zwangsläufig gleich bedeuten, sie begrüßen ihren Mann nur noch mit Nudelholz bewaffnet mit Haaren auf den Zähnen. Frauen können trotz ihrer höheren Rangordnung sehr lieb und nachsichtig sein.

Warum wollen Frauen immer gleich Kinder?

Warum wollen Männer immer gleich ein Auto? Na ja, ich räume ein, dass der Vergleich doch etwas hinkt. Aber dies ist die erste spontane Gegenfrage, die vermutlich einigen Frauen dazu einfallen würde.

Nun zur Beantwortung der eigentlichen Frage. Für den Wunsch vieler Frauen, schnell Kinder zu haben, sind mehrere Gründe verantwortlich. Der schönste Grund von allen ist immer noch der, wenn Frauen mit sehr viel Kinderliebe ausgestattet wurden und mit ihrem Mann eine Familie gründen möchten. Je eher sich ihr Kinderwunsch erfüllt, umso glücklicher werden sie sein. Ob ihr Mann aber genauso darüber denkt, ist eine andere Geschichte. Sie jedenfalls fühlen sich absolut sicher, den perfekten Mann und einen guten Vater für ihre Kinder gefunden zu haben. Und wenn sie damit Recht haben, wird er sich darauf freuen, bald Vater zu werden. Ein anderer Grund für Frauen, sich sofort ein Kind zu wünschen, wäre der, dass sie bereits dreißig sind oder die Dreißig um einiges überschritten haben. Dann möchten sie sich natürlich nicht mehr allzu viel Zeit lassen, um Mutter zu werden. Bei ihnen müssen Männer allerdings oftmals auch mit Überraschungen rechnen. Frauen lieben es, überraschend zu sein. Warum auch nicht? Nur in dem Fall wäre es gut möglich, dass sie ohne vorherige Absprache der Meinung sind, ihr Partner ist automatisch auch damit einverstanden, Vater zu werden. Und daraus könnte dann durchaus eine brenzlige Angelegenheit werden.

Andere Frauen wiederum wünschen sich deshalb gleich ein Kind, weil sie glauben, ein eigenes Kind würde ihren Partner davon abhalten, sich wieder von ihr zu trennen. Sie erhoffen sich dadurch eine engere Bindung mit ihm, weil sie doch eigentlich seine Frau werden wollen. Und wir alle wissen, das zu erreichen ist ja bekanntlich nicht immer leicht. Aber hinter all dem Aufwand steckt des Öfteren auch sehr viel Liebe und die Sorge, ihren Partner wieder zu verlieren. Denn am Anfang verschwenden Frauen noch keinen Gedanken daran, dass es nicht unbedingt schlecht sein muss, ihren anfänglichen Schwarm wieder loszulassen. Oder es steckt einfach nur die Idee dahinter, sich versorgen zu lassen. Und manchmal funktioniert es ja auch. Aber selbst hinter der angestrebten Versorgung verbirgt sich sehr oft auch die Selbsteinschätzung der Frauen, ohne einen Mann keine Zukunftsabsicherung für sich zu erreichen. Zugegeben, manchmal handelt es sich auch nur um reine Bequemlichkeit. Aber schließlich können nicht alle Frauen nur Lämmchen sein. Jedenfalls einige Frau wünschen sich auch sofort ein Kind, weil es für sie einfach zusammengehört, verheiratet zu sein, um dann so schnell wie möglich Kinder zu bekommen. Irgendwie haben diese Frauen schon Recht. Nur ein klein wenig sollten sie sich ihr Kind auch wünschen. Denn Männer tun sich manchmal doch ganz schön schwer damit, Tag für Tag ein guter Vater zu sein. Deshalb sind sie für jede noch so kleine Unterstützung ihrer Frau überaus dankbar.

Wie auch immer und welcher Grund auch immer dahinter steckt, eines ist sicher: Es wäre keine schlechte Idee, wenn Frauen ihre Männer beim Thema Kinderwunsch mitentscheiden ließen. Schließlich sind sie doch auch ein klein wenig daran beteiligt. Außerdem, wenn Männer von sich aus einen Kinderwunsch haben, geben sie sich weitaus mehr Mühe als Vater für ihr Kind und auch als Mann für ihre Partnerin.

Weshalb klammern Frauen?

Für alles, was Männer an Frauen so fragwürdig finden, sind auch grundsätzlich gute Gründe vorhanden. Auch wenn Männer den Sinn hinter diesen Gründen nicht immer sofort erkennen oder verstehen können. Allerdings, welche Frau erwartet das schon von einem Mann? Sorry! Sollte nur ein Witz sein! Aber nun zurück zur Frage.

Frauen haben nun mal den Drang, für einen Mann die Frau seines Lebens zu sein. Oder sie sind einfach der Meinung, wenn sie klammern, müssen sie sich keinen neuen mehr suchen. Wie auch immer! Frauen genießen es zum einen, wenn sie einen Mann gefühlsmäßig so eng an sich binden können, um tatsächlich die einzige Frau für ihn zu sein, und zum anderen, weil sie selbst genau diese tiefen Gefühle für einen Mann empfinden. Deshalb wünschen sie sich, dass auch er dieselben tiefen Gefühle für sie empfindet. Abgesehen davon wissen Frauen ziemlich genau, dass mehr als genug weibliche Konkurrenz vorhanden ist. Durch ihr Klammern glauben sie, diese ausschalten zu können. Was allerdings nur selten funktioniert. Denn leider ist eher das Gegenteil der Fall. Frauen denken, wenn sie klammern, beweisen sie ihrem Partner, wie sehr sie ihn lieben und dass sie ihn nicht mehr verlieren wollen. Während sich Männer durch das Klammern nur bedrängt, bevormundet und in ihrer Freiheit eingeschränkt fühlen. Dadurch haben Männer eher den Wunsch, ihrer Partnerin wieder davonzulaufen, anstatt sich enger mit ihr zu binden. Frauen verstehen in diesem Moment überhaupt nicht, warum ihr Partner sie wieder verlassen möchte. Sie haben keinerlei Vorstellung davon, was sie denn falsch gemacht haben. Denn sie wollten ihm doch lediglich zeigen, dass sie liebend gerne ihre Freizeit mit ihm verbringen würden, wenn er es zulässt. Nur Männer brauchen nun mal auch ihre Freiheit. Sie wollen nicht wie ein Hund an die kurze Leine gelegt werden. Genau aus diesem Grund müssen besonders anhängliche Frauen ihrem Partner gegenüber unbedingt ein wenig Zurückhaltung zeigen. Auch wenn es noch so schwer fällt. Sie sollten keinesfalls eine Sieben-Tage-Woche mit ihm einplanen. Außer er macht diesen Wochenplan selbst.

Trennung von einer Frau

Wenn es um die Trennung geht, sind sich Männer und Frauen völlig gleich. Denn beide wollen derjenige Partnerteil sein, der die Ehe oder die Partnerschaft beendet. Auch für eine Frau ist die Trennung nur dann akzeptabel, wenn SIE diese möchte. Ist ihr Mann derjenige, der die Trennung möchte, fühlt sie sich von ihm gleichermaßen betrogen, schwer beleidigt und enttäuscht oder sogar entsorgt wie Abfall. Einem Mann, der vorhat, sich von seiner Frau zu trennen, kann man kaum gute Hoffnungen machen. Es gibt absolut kein Patentrezept dafür, wie er es schaffen kann, dass die Trennung von seiner Frau friedlich verläuft. (Ausnahmen bestätigen jedoch jede Regel.) Falls er noch keine neue Partnerin hat, wird seine Frau ihren Ehrgeiz einsetzen, um ihn zu behalten. Sie möchte es keinesfalls hinnehmen, dass er nicht mehr mit ihr zusammen sein möchte. Sollte ihr Mann bereits eine neue Beziehung eingegangen sein, wird sie noch mehr Ehrgeiz an den Tag legen, um ihn der anderen wieder auszuspannen. Dabei zieht sie selbstverständlich sämtliche Register. Ganz so, wie es sich für eine selbstbewusste, tolle Frau gehört. Zumindest aber versucht sie, seine neue Partnerschaft wieder auseinander zu bringen. Auch dann, wenn sie genau weiß, dass sie ihn trotz aller Bemühungen nicht wieder zurückgewinnen kann. Geht ihr Mann während der Trennungsphase dann auch noch freundlich mit ihr um, macht er einen großen Fehler. Denn ein solches Verhalten wird sie als deutliches Signal oder sogar als Aufforderung verstehen, sich um ihn zu bemühen. Und mal ehrlich: Ein zu freundliches Verhalten während der Trennung kann manchmal doch ziemlich verwirrend sein.

In ihren Augen bedeutet seine leichtfertige Freundlichkeit, dass er sie noch liebt. Auch wenn er tatsächlich nur freundlich sein wollte. Versucht ein Mann seiner Trennungspartnerin gegenüber vorsorglich kühl und distanziert zu bleiben, um keine falschen Hoffnungen bei ihr auszulösen, macht er ebenfalls einen Fehler. Denn seine „Noch-Frau" wird seine kühle Art nur ignorieren und wieder Ehrgeiz zeigen, um ihn anzuwärmen. Was die Distanz ihr gegenüber angeht, auch hier wird sie selbstverständlich ihren weiblichen Ehrgeiz einsetzen, um diese zu verringern. Was denn auch sonst? Frauen können eben sehr schwer loslassen. Jedenfalls dann, wenn es nicht ihre Idee war auseinanderzugehen. Sind sie noch nicht bereit für eine Trennung, werden sie alles versuchen, um diese doch noch zu verhindern. Es wäre ja durchaus denkbar, dass es funktioniert. Oder sie zeigen ihrem Mann dafür, weil ER sich trennen wollte, was so alles an Überraschungen in einer Frau steckt.

Die friedliche Trennung mit einer Frau ist meistens nur dann realisierbar, wenn sie diese insgeheim bereits selber wollte, aber noch nicht den richtigen Zeitpunkt dafür gefunden hatte, um es ihrem Mann mitzuteilen. Eine kleine Chance auf Frieden hätten Männer dann, wenn sie ihrer Frau üppig Geld zukommen lassen, um ihr die Trennung zu erleichtern. Jedoch wenn eine andere Frau im Spiel ist, wird auch das nicht viel nützen. Eine angenehme Art auseinanderzugehen, kommt nun mal eher dann in Frage, wenn SIE es selbst wollte. Aber auch in dieser Situation kann es keine Garantie für eine angenehme Trennung geben. Denn nachdem Männer ebenfalls gerne derjenige Partnerteil sind, der die Trennung ausspricht, werden vielleicht sie ein friedliches Scheiden verhindern. Und zwar aufgrund ihres verletzten Egos. Friedlich hin oder her, Trennung bleibt immer Trennung. Und diese ist nur selten angenehm. Sonst würde es ja schließlich herrliche Trennungsfeiern geben. Oder?

Gegensätze ziehen sich an!

Und genau darin liegt der Knackpunkt. Gegensätze ziehen sich zwar an, aber sie harmonieren normalerweise nicht im Geringsten miteinander. Denn was der eine will, möchte der andere auf keinen Fall. Was der eine über bestimmte Situationen denkt, kann der andere absolut nicht nachvollziehen. Worüber der eine lacht, kann der andere nur gähnen. Was dem einen wahnsinnig gut gefällt, findet der andere lediglich bescheiden ... usw. Aber auch wenn Gegensätze nicht harmonieren, ziehen sie sich doch immer wieder unglaublich an und anschließend liebend gerne aus.

Allerdings die Differenzen bleiben bestehen. Sie fangen harmlos mit dem unterschiedlichen Geschmack beim Essen an. Wie z. B. Hamburger für ihn und Salat für sie. Und sie enden mit einer völlig gegensätzlichen Lebenseinstellung der beiden Partner. Wie etwa, sie liebt es luxuriöser und er eher die Schlichtheit. Am Anfang einer Beziehung macht gerade dies den besonderen Reiz aus. Irgendwie erweckt es bei vielen den Anschein, es müsse unglaublich aufregend sein, mit einem völlig anders denkenden Partner eine Beziehung einzugehen. Aber zu viel ist nun mal zu viel. Mit der Zeit haben die beiden verschiedenen Charaktere immer weniger Verständnis für die Vorlieben und die völlig andere Lebenseinstellung des Partners. Sie findet ihn in seiner Schlichtheit nur noch langweilig, während er die Nase gestrichen voll davon hat, dass sie ihm andauernd ihren geliebten Salat andrehen möchte. Die vielen Unterschiede ecken auf Dauer immer mehr an. Bis letztendlich das gesamte Verhalten des vorher so irrsinnig aufregenden, etwas anderen Partners nur noch nervt. Und am Ende geht die Beziehung dann doch in die Brüche. Selbstverständlich gehen auch weniger gegensätzliche Bindungen wieder in die Brüche. Aber wenn man eine total gegensätzliche Bindung einmal ganz banal mit der Bindung zwischen einem Elefanten und einer Maus vergleicht, wird doch ziemlich klar, was mit dem Satz „Gegensätze harmonieren nicht" gemeint ist. Denn würde der Elefant seine kleine Maus auch noch so süß finden, täte er sich trotzdem höllisch schwer, mit den Gewohnheiten und mit den Speisevorlieben seiner geliebten Mausi klarzukommen. Natürlich existieren wohl kaum zwei völlig identische Personen. Außer vielleicht eineiige Zwillinge. Aber wer will das in einer Partnerschaft überhaupt? Ein wenig Neues und Anderes als das Übliche sollte sich in die Beziehung schon einschleichen. Sonst ist sie die Langeweile in Person. Innerhalb einer Partnerschaft kann sowieso nie alles übereinstimmen, denn es besteht immer noch der klitzekleine Unterschied, dass Männer und Frauen auch verschiedene Denkweisen haben. Ob nun hormonell bedingt oder ganz allgemein. Aber wenn sich wenigstens ein paar Ähnlichkeiten treffen, sind auf jeden Fall genügend Gemeinsamkeiten für eine gute Partnerschaft vorhanden. Wie etwa dieselben Hobbys, ein paar gleiche Fähigkeiten, derselbe oder sehr ähnliche Geschmack bei Kleidung, Essen, Farben, Möbeln usw. oder sogar ähnliche Vorlieben und Angewohnheiten. Durch solche Gemeinsamkeiten kann bereits der Grundstein für eine harmonisch verlaufende Partnerschaft gelegt sein. Folglich kommt es seltener vor, dass der eine sich von dem genervt fühlt, was der andere tut, weil er nämlich selbst genauso oder ähnlich handeln würde.

Wenn also Männer wie auch Frauen auf Partnersuche gehen, sollten sie es wenn möglich vermeiden, einen so aufregend anziehenden, anders denkenden Gegensatz auszuwählen. Denn die magischen Reize, die von ihm oder ihr ausgehen, mögen vielleicht unwiderstehlich verlockend wirken, sind aber leider nur von kurzer Dauer. Jedoch Ausnahmen bestätigen grundsätzlich immer wieder neu die Regel.

Gibt es tatsächlich einen Ausweg für Männer?

Viele Frauen beschäftigen sich gerne damit, ihre Partnerschaft zu kontrollieren. Weil sie auf diese Weise schnellstens dazu in der Lage sein möchten zu erkennen, ob irgendetwas in ihrer Beziehung nicht mehr stimmt. Doch genau durch diese Kontrolle interpretieren Frauen die Wortwahl ihres Mannes leider des Öfteren grundlegend falsch. Aber nicht etwa, weil sie, wie es manche Männer wohl gerne ausdrücken würden, „langsam im Denken sind", sondern ganz im Gegenteil! Frauen sind sogar ziemlich schnell im Denken. Denn stimmt es etwa nicht, dass sie normalerweise auf jede x-beliebige Frage ihres Mannes erstens eine aus der Pistole geschossene Antwort geben können und zweitens mindestens noch drei andere Antworten oder Lösungen parat haben? Es wäre ja immerhin möglich, dass ihr Mann mit der ersten Antwort nicht einverstanden ist. Diese Frage geht speziell an alle Männer, die der Meinung sind, ihre Frau redet zu viel. Und selbstverständlich auch an andere Männer. Nun aber zurück zum Ausgangspunkt. Frauen gehen grundsätzlich davon aus, permanent auf der Hut sein zu müssen, um irgendwann das Haar in ihrer Beziehungssuppe zu finden. Und wenn sie mit ihrer Vermutung Recht haben, dann müssen sie schließlich blitzschnell darauf reagieren können. Und genau diese Situation kann eben sehr schnell zur falschen Interpretation der Wortwahl ihres Mannes führen. Eine schnelle Reaktion auf jede Änderung in der Partnerschaft ist für Frauen überaus wichtig. Egal wie diese Reaktion gegenüber ihrem Mann ausfällt. Für Männer bedeutet das, einfach ein wenig Nachsicht mit ihrer Frau zu üben. Denn im Grunde können Frauen gar nicht anders handeln. Sie wollen innerhalb ihrer Partnerschaft eben nichts Wichtiges verpassen. Im Prinzip meinen sie es eigentlich nur gut. Aber ...! Jedenfalls Männer könnten ihre Nachsicht zeigen, indem sie versuchen, ihrer Frau etwas mehr Aufmerksamkeit zu schenken. Auch wenn es noch so schwer fällt. Aber dadurch wäre es möglich, besser auf sie einzugehen. Im Übrigen würden sie selbst auch wesentlich seltener in eine verbale Zwickmühle geraten. Und ihre Frauen hätten es leichter, einen Teil ihrer Unsicherheit oder auch Unzufriedenheit mit sich selbst wieder abzulegen.

Ein Beispiel für die typisch verbale Zwickmühle eines Mannes hört sich ungefähr so an:

Sie: Sieht die Hose gut an mir aus?

Er: Ja.

Sie: Ich weiß nicht, sieht sie wirklich gut aus?

Er: Ja.

Sie: Ich finde, die andere Hose sieht besser an mir aus!

Er: Du hast Recht, die andere Hose sieht noch besser aus als die Hose, die du gerade anhast!

Sie: Das heißt also, du denkst, diese Hose hier steht mir nicht!?

Er: Nein! Die steht dir auch. Aber die andere Hose sieht noch ein bisschen besser aus!

Sie: Du kannst es ruhig sagen. Die Hose sieht hässlich an mir aus!

Er: Nein! Sie ist nicht hässlich. Sie sieht auch gut aus!

Sie: Ach so, alles klar! Die Hose sieht gut aus, aber meine Figur dazu ist bescheiden!

Er: So habe ich das nicht damit gemeint! Mir gefällt nur die andere noch besser als die!

Sie: Ja, ja, ich hab schon verstanden. Meine Figur passt dir nicht mehr!

Er: Wieso immer deine Figur? Beide Hosen sehen nicht übel an dir aus!

Sie: Gib's zu, du willst schon lange eine andere Frau mit einer besseren Figur!

Er: Was? Welche andere Frau? Wozu? Mir gefällt deine Figur und auch die Hosen ...

Genau in diese Richtung würde dieses Gespräch noch weitergehen, bis hin zum handfesten Streit. Und das, obwohl ihr Mann eigentlich nichts dafür kann. Und auch keineswegs nach einer anderen Frau sucht. Außerdem hat er ihr noch zusätzlich versichert, dass beide Hosen und ihre Figur gut aussehen. Nur seine Frau hat sich fest in den Gedanken verbissen, ihr Mann wäre mit ihrer Figur und damit auch mit ihr unzufrieden. Deshalb war sie nicht mehr in der Lage zu registrieren, dass ihr Mann ihr eigentlich ein Kompliment machen wollte. Er hat betont, dass sie in jeder Hose gut aussieht. Aber durch ihre eigene Unzufriedenheit mit ihrer Figur interpretiert sie automatisch auch eine Unzufriedenheit ihres Mannes in diese Hosen-Anprobe, was unweigerlich auch zu stürmischen, turbulenten Verwirrungen in ihrer Beziehung führt. Und woher kommt das? Männer würden sagen: „Frauen empfinden sich auch noch als wandelndes Gerippe als zu dick. Wer soll das je verstehen!?" Aber Fakt ist nun mal: Frauen glauben, wenn ihr Mann anderen Frauen hinterher sieht, tut er dies, weil er mit seiner eigenen Frau unzufrieden sein muss. Sie sind der Meinung, dass er sich bereits auf der Suche nach einer neuen Frau befindet. Also suchen sie an sich selbst tausend Makel, die daran schuld sein könnten. Und siehe da! Sie finden sogar weit mehr als nur tausend. Ich weiß: „Immer nur die Männer sind schuld." Aber ein wenig tragen solche automatischen, unbewussten Reaktionen oftmals auch, ohne einen üblen Hintergedanken der Männer, zur allgemeinen Unsicherheit von Frauen bei.

Sei es wie es will, aus dieser Nummer kommt kein Mann mehr ungeschoren heraus. Jedoch ein Kniff, um diesen Streit zu umgehen, wäre gewesen, bei ihren Zweifeln daran, ob ihr Mann mit ihrer Figur noch zufrieden ist, lediglich mit den wenigen Worten zu antworten: „Beide Hosen sehen gut an dir aus." Für ihn wäre es besser gewesen, keiner Hose den Vorzug zu geben. So hätte er verhindern können, dass sie ihm einen Strick aus seinen Antworten drehen kann. Wenn Frauen an sich zweifeln, darf sich ein Mann niemals auf ein Gespräch über diese Zweifel einlassen. Denn sollte er verbal nicht in der Lage sein, ihre Zweifel zu zerstreuen, tappt er automatisch in eine Falle. Männer, die mehrere Kleidungsstücke an ihrer Frau hübsch finden, müssen beharrlich bei ihrer Meinung bleiben, dass eben nun mal mehre Hosen gut an ihr aussehen. Sollte ihre Frau darauf bestehen, dass ihr Mann eine Auswahl trifft, wäre es die beste Lösung, der Frau zu erklären, sie müsse die Auswahl selbst treffen. Schließlich muss SIE sich in ihrem Kleidungsstück wohl fühlen und bewegen können. Aber auch hierbei ist immer noch Vorsicht geboten. Eine kleine Falle könnte ihnen immer noch gefährlich werden. Denn finden Männer nicht die richtigen Worte, um ihr die Auswahl zu überlassen, könnte sie davon ausgehen, es interessiert ihren

Mann nicht, was sie trägt. Und wenn sie ihr leger erklären möchten, dass ihnen alle Kleidungsstücke an ihr gefallen, wirken sie sehr leicht unglaubwürdig (was manchmal ja nicht unbegründet ist). Die Frau kommt hierbei ebenfalls zu der Überzeugung, es würde ihren Mann nicht im Geringsten interessieren, was sie trägt oder auch nicht trägt! Folglich kann sie ihm ja nur egal sein, weil er ihrer Meinung nach sowieso schon lange nach einer anderen Frau sucht. Und damit wären wir wieder am Anfang des Streits.

Wenn eine Frau also auf die Auswahl IHRES MANNES besteht, könnte er dies mit freundlichen Worten für sie verhindern. Zum Beispiel mit einem Kompliment, weil sie einen wesentlich besseren Geschmack vorweisen kann als er. Sicher, über Geschmack lässt sich streiten. Aber bitte nicht mit einer Frau. Oder er kann ihr mit klaren Worten zu verstehen geben, dass er ihre Figur toll findet, egal was sie trägt. Daher müsse sie die Entscheidung treffen, welche Hose sie kaufen möchte. Wenn sie sich selbst nicht so leicht entscheiden kann, wäre es keine schlechte Idee, beide Hosen zu kaufen. Mit diesem Verhalten hätte ihr Mann wenigstens den Hauch einer Chance darauf, ihre Zweifel an seiner eigentlich nicht mal vorhandenen Unzufriedenheit mit ihr zu zerstreuen. Falls ihm dies nicht möglich ist, sollte er es unbedingt vermeiden, jemals wieder mit seiner Frau shoppen zu gehen.

Ob es einen Ausweg aus dieser heiklen Situation für Männer gibt? Rein theoretisch ja! Jedoch in der Praxis normalerweise nein! Aber der Versuch, eine gute Lösung für einen Ausweg auszuwählen, lohnt sich allemal. Mit ein wenig Feingefühl und noch mehr Glück könnte durchaus der rein theoretische Fall eintreten.

... denn sie wissen nicht, was sie tun!!

Mit diesen Worten sind keinesfalls Frauen gemeint, sondern die Männer. Denn Frauen wissen im Allgemeinen sehr genau, was sie tun. Bei diesen Worten geht es um das Thema Hochzeit. Jedesmal wenn ein Mann sich letztendlich für den Gang zum Traualtar entscheidet, müsste man sogar als Frau ein wenig Mitleid mit ihm haben. Denn hat er vorher noch nie eine Ehe geführt, weiß er mit Sicherheit nicht, was ihm nach seiner Hochzeit erwarten wird. Und noch weniger Ahnung hat er davon, was er eigentlich tut. Sollte er sich dann auch noch für die Ehe mit einer der heftigeren Kategorien entschieden haben, könnte man in Worte gefasst nur Vergleiche finden wie: „Ein Hurrikane bricht los!" Denn was dann auf ihn zukommt, wird unglaublich ereignisreich wie auch sehr lehrreich für ihn werden. Nur im Moment seiner Hochzeit ahnt er natürlich noch nichts von all dem. Anschließend kommt es nur noch darauf an, ob ihn dieses Eheabenteuer vielleicht sogar ausgesprochen gut gefällt. Was übrigens nicht selten vorkommt. Und das liegt daran, dass Männer ihre Ehefrauen in den meisten Fällen als eine Art höhere Macht anerkennen. Sie akzeptieren sie als die amtierende Regierung in ihrem Leben. Dieser höheren Macht ergeben sie sich dann mit mehr oder weniger Widerstand. Und eine Frau wäre keine Frau, wenn sie es nicht genüsslich auskosten würde, über ihren Mann zu regieren. Frauen regeln nicht nur ihr Leben, sondern meistens auch noch das gesamte Leben ihres Mannes. Deshalb kann es sein, dass er lediglich ein Mitspracherecht erhält für die Angelegenheiten, die eigentlich ihn betreffen. Aber in den meisten Fällen ist dies den Männern sogar mehr als nur recht. Denn somit haben sie nämlich ihre Ruhe vor den üblichen Regelungen, welche anfallen. Und seltsamerweise halten diese Ehen weitaus länger, als Ehen, die auf freiheitsbelassener Basis geschlossen wurden. Männer, die sich ihrer Frau ergeben, entwickeln kaum noch Elan, um sich großartig gegen die Meinung ihrer Frau aufzulehnen. Entweder weil sie zu lustlos dafür sind oder weil sie genau diese Lebensweise bevorzugen. Sie haben sich grundlegend darauf eingestellt, die Meinung ihrer Frau gelten zu lassen. So brauchen sie selber wenigstens nicht viel zu reden. Das übernimmt ja ihre Regierung für sie. Und aus dem Grund halten ihre Ehen bis in alle Ewigkeit. Wobei es deutliche Unterschiede in der Vorgehensweise von Frauen gibt. Einige von ihnen gehen überaus diplomatisch vor, um ihre Meinung dem Partner gegenüber zu vertreten. Somit bemerkt er es nicht einmal, wenn sie das Ruder in der Hand hält. Andere wiederum vertreten ihre Meinung dem Partner gegenüber ziemlich lautstark und dominant. Manche Frauen überlassen auch ihrem Mann das letzte Wort. Obwohl sie am Ende dann doch das tun, was sie für richtig halten, wobei sie mit ihrem Eigenwillen oftmals auch noch richtig handeln. Einige Frauen überlassen auch tatsächlich ihrem Mann das letzte Wort der Entscheidung. Aber diese Kategorie ist nicht allzu oft vertreten. Im Prinzip ist es auch relativ unwichtig, welche Kategorie Frau ein Mann zum Traualtar begleiten wird. Denn jeder Mann sucht sich bei einer Frau sowieso die Charaktereigenschaften aus, die ihm für seine Ehefrau wichtig erscheinen. Sollte er sich in der Wahl seiner Frau geirrt haben, wurde er wenigstens um ein paar wichtige Erfahrungen reicher. Und vielleicht hilft ihm dies, um beim nächsten Mal eine geeignetere Wahl zu treffen. Allerdings, nachdem Männer selten auf Anhieb wissen, welche Frau zu ihnen passt, könnte auch der nächste Versuch wieder gründlich daneben gehen.

… Denn sie wissen nun mal nicht immer so genau, was sie tun!

8. Kapitel:
Botschaft an die Frauen

Keine Angst vor Silikon

Kaum zu glauben, aber wahr! Frauen mit riesigem Vorbau, ob nun echt oder aus Silikon, sind für andere Frauen keineswegs die größte Konkurrenz. Männer sabbern ihnen zwar grundsätzlich hinterher, aber akute Gefahr, ihn an sie zu verlieren, besteht deshalb noch lange nicht. Bei Männern kommen unscheinbare, durchschnittlich gebaute Frauen bei weitem besser an. Sie brauchen nicht einmal überragende Schönheit vorzuweisen. Denn durchschnittliche Frauen senden Signale aus, die einen Mann denken lassen: „Mit ihrem Aussehen wird sie zwar nicht den Titel Miss Universum erreichen, aber dafür hat sie sicherlich Charakter!" Und genau diese Ausstrahlung bringt den durchschnittlichen Frauen weitaus bessere Chancen bei den Männern ein. Logischerweise schwärmen Männer in den höchsten Tönen von Models mit prallem Vorbau und ...! Nur als Ehefrau bevorzugen sie normalerweise natürliche Frauen mit Charakter. Und diesen Charakter erwarten sie im Allgemeinen wohl kaum hinter der prall gefüllten Bluse einer Frau. Trotzdem dürfen Frauen nicht sofort über jede durchschnittliche Frau herfallen. Denn nicht alle haben automatisch auch die Absicht, sich den Mann einer anderen Frau zu angeln. Genauso wie es durchaus Frauen mit prallem Vorbau gibt, die Charakter haben.

Das schwache Geschlecht

Wenn Frauen Tricks anwenden können, um von Männern genau das zu bekommen, was sie wollen, liegt das hauptsächlich an den Männern selbst. Sie stellen sich nicht gerade selten taub und blind gegenüber den Mogeleien ihrer Frau. Denn ganz so dumm, wie Männer es uns glauben machen wollen, sind sie nun wirklich nicht. Sie sind lediglich butterweich, wenn es um Frauen geht. Schon immer hieß es: „Die Frau, das schwache Geschlecht." Nur dieser Satz trifft absolut nicht zu. Aber nachdem einige Männer dies heute noch glauben, haben es Frauen unwahrscheinlich leicht, ihre angedichtete Schwäche den Männern gegenüber äußerst glaubhaft darzustellen. In Wahrheit sind Frauen unglaublich stark und Männer das wahre schwache Geschlecht. Denn aus lauter Gutmütigkeit oder auch aus Berechnung zu ihren Gunsten übersehen Männer die vielen kleinen Mogeleien ihrer Frau. Und das ist auch gut so. Ohne diese ganzen Verwirrspiele innerhalb einer Beziehung wäre das Leben nur halb so interessant.

9. Kapitel:
Botschaft an die Männer

Zwischen den Zeilen lesen lernen

Alles ist nur eine Frage der Auslegung. Mit das Wichtigste in einer Beziehung ist es, wenn ein Mann beim Verhalten seiner Frau zwischen den Zeilen lesen kann. Auf diese Weise ist es ihm möglich richtig einzuschätzen, was sie tatsächlich mit ihren Worten oder Gesten gemeint hat. Wenn er ihr die Frage stellen würde: „Schatz, was möchtest du heute unternehmen?" und sie antwortet ihm: „Entscheide du!", dann könnte es sein, dass sie ihrem Mann tatsächlich die Entscheidung überlassen möchte, weil sie keine eigene Idee dazu hat, was sie in diesem Moment unternehmen möchte, oder sie will etwas völlig anderes damit ausdrücken. Was dann seine Frau eigentlich damit meinen könnte, wäre in dem Fall „Entscheide zwar du, was wir unternehmen, aber wähle das aus, was auch ich gerne unternehmen würde!" Frauen haben dabei nicht automatisch den Hintergedanken, sich mit ihrem Mann über dessen falsche Auswahl zu streiten. Sie möchten ihn vielmehr damit testen. Entweder ob er am Ende doch ihr die Entscheidung überlassen wird, indem er sie nochmals darum bittet, eine Entscheidung zu treffen, oder ob er selbst in der Lage ist, die richtige Wahl zu treffen, weil er genau weiß, was ihr gefällt. Außerdem möchte sie wissen, wie viel Bereitschaft ihr Mann hat, um eher das zu tun, was auch ihr gefallen würde, anstatt einfach auszuwählen, was ihm lieber wäre. Männer, für die es wichtig ist, ihrer Frau entgegen zu kommen, sollten unbedingt lernen, zwischen den Zeilen zu lesen. Denn nur so ist es möglich, einigen simplen Missverständnissen aus dem Weg zu gehen, um eine harmonische Beziehung zu führen.

Ein guter Tipp mit auf den Weg

Männer wären besser dran, sich gemeinsam mit ihrer Frau um eine gute Partnerschaft zu bemühen, ohne sich dabei zu ihrem Trottel zu ernennen. Frauen haben zwar gerne die Oberhand in der Beziehung, aber sie bevorzugen trotz allem keinen Waschlappen ohne eigenen Willen. Zum einen weil sie manchmal wesentlich mehr Spaß dabei haben, um ihr Anliegen zu kämpfen, um am Ende als Siegerin den Ring zu verlassen. Zum anderen sehen Frauen es ab und zu ganz gerne, wenn ihr Mann ihnen zeigt, dass es auch für sie Grenzen gibt. Sie wünschen sich eher einen Mann, der zwar Gutmütigkeit besitzt, aber auch genügend Stärke hat, um das zu tun, was ihm selbst wichtig erscheint. Denn nur so entwickeln Frauen auch Achtung vor ihrem Mann. Zudem wissen Frauen insgeheim ziemlich genau, dass durchaus auch ihr Mann seine Rechte innerhalb ihrer Beziehung wahrnehmen darf. Manchmal hat es den Anschein, als würden Männer davon ausgehen, dass Frauen Trottel bevorzugen. Aber dies trifft den Nagel nur zur Hälfte auf den Kopf. Viele Frauen erwarten von ihrem Mann lediglich Rücksichtnahme auf ihre Wünsche, auf ihre Gefühle, auf ihre Interessen und auch auf ihre Person. Nur deswegen müssen Männer noch lange nicht den Trottel für ihre Frau spielen, der aufspringt, wenn sie pfeift. Sicherlich geben einige Frauen genau dieser Kategorie Mann den Vorzug. Aber den meisten genügt es vollkommen, wenn ihnen ihr Mann einfach nur rücksichtsvoll zur Seite steht.

10. Kapitel:
Allgemein über Frauen und Männer

Gedicht über Frauen

Die Frau an sich auch ernstes Wesen
Für manche doch ein Vorstandsbesen
Mal ist sie lustig und mal schrill
Ganz so wie sie's halt haben will
Sie hat auch Herz und viel Verstand
Und trotzdem wird sie sehr verkannt
Ein Mundwerk wurde ihr gegeben
Das Männer würden gern verkleben
Trotzdem liegen sie zu Füßen
Obwohl sie manchmal dafür büßen
Frauen haben sehr viel Charme
Und oft sind sie zu Männern warm
Doch all das nützt nicht immer viel
Wenn Mann wie Frau denkt Spiel ist Spiel
Das Leben sollte einfach laufen
Man kann sich auch zusammenraufen!

Der Vergleich

Frauen sind wie eine Katze vor dem Kanarienvogel, ständig auf der Lauer, einen Mann zu kriegen.

Wenn sie ihr Ziel dann erreicht haben und seine Frau wurden, sind sie wie eine Katze, die den Kanarienvogel verschluckt hat.

Sie lecken sich zufrieden schnurrend die Pfoten, weil sie ihn am Ende doch noch gekriegt haben.

Zu guter Letzt

Was erwarten Männer von Frauen?
EINFACH ALLES!
Und das wenn möglich noch mit Perfektion, denn sie
wissen, die weibliche Konkurrenz ist groß und schläft
nicht. Und somit haben sie die Qual der Wahl.

Was können Frauen von Männern erwarten?
HERZLICH WENIG!
Denn von Männern ist es kaum möglich, mehr zu be-
kommen als das, was sie geben wollen. Und das wäre im
Normalfall NATÜRLICH NICHTS!

Nachwort

Trotz großem Unterschied zwischen Männern und Frauen gibt es eine Grundregel für beide: Nämlich Männer wie auch Frauen wollen versorgt und auch umsorgt werden. Nur jeder auf eine andere Weise. Frauen erhoffen sich finanzielle Absicherung und die Hilfe eines Mannes bei schweren Arbeiten am oder im Haus. Männer hingegen möchten, dass eine Frau ihren Haushalt führt und sie im Krankheitsfall von ihr gepflegt werden. Beide wollen lediglich nicht alleine durch ihr Leben gehen. Nur Frauen haben meistens ein wesentlich stärker ausgebildetes Sicherheitsdenken als Männer. Auch in der Tierwelt suchen sich die Weibchen immer das stärkste Männchen aus. Sie wollen damit sicherstellen, dass sie von ihm beschützt werden und ihre Jungen bestens versorgt sind. Trotz allem sollte die Kirche im Dorf bleiben. Frauen sind nicht alle nur süße Lämmer und Männer nicht alle nur brave Heilige. Wenn dem so wäre, würden sie sich gegenseitig nur langweilen. Deshalb macht die eine oder andere Ludrigkeit einer Frau das Leben für Männer mit Sicherheit um ein Vielfaches lebenswerter. Und wenn Männer dann ebenfalls ihre Tricks anwenden, um den Frauen große oder kleine Streiche zu spielen, wird das Ganze noch viel spannender. Männer wie auch Frauen wünschen sich einen Menschen an ihrer Seite, auf den sie sich verlassen können. Allerdings haben es Männer wesentlich leichter, dieses Ziel zu erreichen. Denn sie haben die Möglichkeit, sich darauf auszuruhen, dass Frauen nur wenige Ansprüche an einen Mann stellen. Sie verzichten äußerlich oftmals sogar noch auf jegliche erotische Ausstrahlung eines Mannes. Sie nehmen dies mit den Worten hin: „Bei ei-

nem Mann ist das Aussehen nicht so wichtig!" Frauen
haben es schon bedeutend schwerer, ihr Ziel zu erreichen. Männer müssen eine Frau entweder erotisch anzie-
hend finden oder sie muss eine besondere Ausstrahlung
besitzen, die sie anspricht. Im schlimmsten Fall muss sie
ein dickes Bankkonto haben. Angesichts dieser Tatsache
sind Frauen viel einfallsreicher als Männer, weil sie wesentlich mehr dafür tun müssen, um einen Partner für ihr
Leben zu finden.

Männer werden nun sicherlich denken, bei all den Be-
schreibungen von Frauen entsteht der Eindruck, dass
Frauen alles nur zum Besten ihrer Männer tun. Und dies
kann wohl nicht die ganze Wahrheit sein. Natürlich räu-
men Frauen jederzeit ein, nicht ausschließlich immer nur
zum Besten ihres Mannes zu handeln. Und gegen ein dickes Bankkonto ihres Mannes haben sie selbstverständlich auch nichts einzuwenden. Aber sie haben schließlich
auch das Recht, ab und zu mal an ihren eigenen Vorteil
zu denken. Und mal ganz ehrlich! Die rechte Hand aufs
Herz, die linke, ohne überkreuzte Finger, gut sichtbar, in
die Luft! Welcher Mann würde schon, ohne jemals dabei
an seinen eigenen Vorteil zu denken, alles nur zum Besten seiner Frau tun?

Ende

Man muss nicht unbedingt ein Mann sein,
um Männer zu verstehen,
aber anscheinend eine Frau,
um Frauen zu verstehen!

TROTZ ALLEM:

Auch wenn sich Frauen noch so zickig
verhalten, müssen Männer eines zugeben:
Vielleicht können sie nicht MIT den Frauen
leben, ganz sicher aber auch nicht
OHNE SIE!